# LAISSEZ-MOI RIRE !

CLAUDE CHABROL
avec la collaboration de
ANDRÉ ASSÉO

# LAISSEZ-MOI RIRE !

ÉDITIONS DU
ROCHER
Jean-Paul Bertrand

ISBN 2 268 04787 3

# I
# Esquisse d'autoportrait

J'ai sans doute tourné cinquante-deux films. Je ne puis cependant rien affirmer. Tout dépend si les films à sketches et les longs métrages de télévision doivent ou non être inclus dans ces comptes. Tout cela n'a d'ailleurs aucune importance. Disons cinquante-deux films réalisés à ce jour, et n'en parlons plus ! Que les fâcheux, grincheux, statisticiens de tout poil me pardonnent, mais ces calculs ne me paraissent pas d'un intérêt primordial ! Je préfère m'intéresser au contenu qu'au flacon. Possédant un sens très aigu de la perfection, je sais que rien n'est jamais parfait. J'ai donc plus de chances – selon la loi des probabilités – de réaliser un film qui soit complètement rond en faisant cinquante productions plutôt que cinq ou six comme l'ont fait certains. Car si dans les six films tournés, le réalisateur s'aperçoit qu'aucun n'est réussi, le constat est épouvantable. Quand on en fait cinquante, on a une petite chance supplémentaire.

Je serai franc. Beaucoup de mes films me plaisent, et aucun ne me séduit définitivement. Je vois des erreurs dans tous, des mouvements que j'aurais pu améliorer, des détails que j'ai laissé passer. Je me rends compte quelquefois que ma volonté d'afficher un parti pris de rigueur n'était en fait qu'une fausse rigueur. Plutôt de l'entêtement. Je veux bien essayer d'être rigoureux, mais pas entêté. On ne s'aperçoit de ses erreurs que longtemps après. Trop longtemps ! Comme l'esprit d'analyse s'affine avec le recul, on finit par comprendre pourquoi certains passages vous gênaient. Si bien qu'au fur et à mesure que le temps passe, je deviens de plus en plus impitoyable avec mes films. Cela étant précisé, je trouve également certains points épatants. Avec plus de grâce, de subtilité. Tellement subtil quelquefois que je ne sais plus ce que j'ai voulu dire !

En résumé, il y a des moments où je suis très indulgent avec moi-même, d'autres où je suis extrêmement sévère. En général, je suis sévère lorsque je viens de sortir un film qui marche bien. J'ai alors un côté méprisant envers moi « c'est toi qui as fait ça ? Et tu en es satisfait ! » Au contraire, lorsque je me fais éreinter, je trouve mille raisons pour m'expliquer qu'après tout, le résultat final n'est pas si mal que ça. En fait je me cherche des excuses, et je les trouve. Ce n'est qu'un an après, que je pense réellement du bien ou du mal de mon film. Sur le moment, à chaud, j'ai tellement travaillé que j'ai tendance à dire que c'est remarquable. Plus tard, je peux penser que ce n'est pas si épatant que ça !

Certains croient que je suis un réalisateur boulimique. C'est faux ! J'ai plutôt l'impression de fabriquer un mur. Plus il y aura de pierres, plus il sera solide. Je me situe à l'inverse de Jean-Paul Rappeneau qui n'a tourné que sept films en trente-sept ans. J'ai connu Jean-Paul à ses débuts, lorsqu'il avait réalisé un court métrage, *Chronique provinciale*. Très intéressant ! J'ai donc voulu produire avec lui son premier long métrage et je lui ai proposé de mettre en scène *Les Jeux de l'amour*. Il a hésité un long moment et il a finalement refusé. J'ai passé le sujet à Philippe de Broca. Ceci explique en partie les raisons pour lesquelles Philippe a réalisé trente et un films, lorsque Jean-Paul n'en a mis en scène que sept. Alors qu'ils démarraient pratiquement en même temps et naviguaient sur les mêmes eaux.

Le problème avec les réalisateurs qui, comme Rappeneau, travaillent lentement, c'est qu'un échec risque de se transformer en Berezina. Ainsi, les deux derniers films de Jean-Paul, malgré toutes leurs qualités habituelles, n'ont pas marché. Ce constat est beaucoup plus embêtant pour lui, qu'il ne le serait pour Philippe de Broca. Lequel fait feu de tout bois et travaille pour la télévision en attendant des jours meilleurs. Tout cela est un problème de tempérament. Jean-Paul a choisi un système d'expression qui est la rareté. Dangereux ce système ! Surtout dans un univers de commercialisation comme le cinéma. L'échec d'un cinéaste rare a plus d'importance que l'échec d'un cinéaste prolixe.

Personnellement, j'aime le tournage. Ce sont des moments privilégiés. Leur seul inconvénient est de coûter cher. De ce fait, il est impossible de tourner trop longtemps. J'évite cette difficulté en travaillant souvent. Si je puis me permettre cette comparaison, Balzac n'a pas cessé d'écrire, tandis que Stendhal n'a produit qu'un petit nombre d'œuvres. Sans me mettre en parallèle avec aucun des deux, je dirais que je suis plutôt balzacien… tout en admirant Stendhal !

Le fait de tourner fait partie des instants heureux de mon existence. Même si en cours de route il arrive des pépins, des ennuis, je m'en accommode toujours. Ceux qui trouvent le tournage d'un film crispant ou énervant, n'ont sans doute pas suffisamment réfléchi à l'avance. Non seulement sur le scénario, mais surtout sur la manière de tourner. Il existe des exceptions à cette théorie. Par exemple Henri-Georges Clouzot avait besoin de se créer une atmosphère de drame sur le plateau. Même s'il existait une part « bidon » dans ses crises, il est certain que quelquefois les défauts du créateur peuvent finir par servir les qualités de l'œuvre. C'est assez mystérieux.

Si je considère que Clouzot, dans ses grandes colères, avait un côté comédien, un petit peu cabotin, par contre chez Maurice Pialat cela se situait au niveau de l'inconscient. Il était d'une sincérité absolue et ne prenait aucun plaisir à son plaisir. Son bonheur était de tourner, et il n'en ressentait aucune joie. Au contraire. C'est dostoïevskien à mort !

J'avais connu Pialat grâce à Stéphane Audran. Son premier court métrage *L'amour existe* m'avait ébloui. Il était vraiment impressionnant. J'ai immédiatement cru en son talent, tout en sentant les difficultés qu'il avait envers lui-même. Ses raisons étaient sans doute complexes. Il a réalisé son premier long métrage en 1969 avec le soutien de François Truffaut et de Claude Berri. Sans moi malheureusement. Je sortais d'une période difficile et n'étais pas très riche. J'ai tout de même contribué au lancement de *L'Enfance nue*. En effet *Que la bête meure* sortait pratiquement au même moment, et au lieu de parler de mon film je n'ai cessé de complimenter celui de Pialat. Ce qui n'a servi à rien ! Car si les critiques furent louangeuses, le public ne fut pas nombreux dans les salles. Peu importe, Pialat a continué à tisser son œuvre. Il fut un des rares cinéastes qui a conservé tout au long de sa carrière son univers et sa façon de travailler. Avec, bien sûr, quelques variantes. Il est évident que *Sous le soleil de Satan* n'est pas de même nature que *Le Garçu*.

Maurice Pialat a toujours été d'une sévérité incroyable envers ses films. Pour l'obliger à défendre l'un d'entre eux, il fallait qu'il soit attaqué. Ainsi si la fin de *Van Gogh* me paraissait un peu longue, il trouvait les arguments pour me prouver le contraire. Mais si je m'extasiais devant son film, il s'autodétruisait avec véhémence. C'était sa tournure d'esprit. J'avoue que je le voyais rarement, car il donnait l'impression de n'avoir aucune envie de rencontrer un ami. C'est tout juste, quand j'entrais en contact avec lui, s'il ne m'engueulait pas d'être là.

Mon caractère est à ce point différent de celui de Pialat qu'on va même jusqu'à me reprocher d'être béat. Attention, pour moi, ce n'est pas un reproche. J'accepte le principe de béatitude. Je suis un homme heureux. Ce qui ne m'empêche pas d'avoir des colères ! Quand les routiers font grève et qu'on les menace de leur enlever le permis de conduire, ça me met dans une rage épouvantable. Tout cela est absurde. Imaginons une route bloquée au nord et au sud par des routiers. Au centre se trouvent d'autres routiers. Ceux du nord et du sud empêchent les forces de l'ordre d'arriver jusqu'aux routiers du centre. Résultat : on retirera le permis de conduire à ceux du nord et du sud, mais pas aux routiers du centre qui auront été grévistes eux aussi. Cela prouve que ce sont des mesures de crétins ! C'est comme si on m'enlevait ma caméra parce que je refuse qu'on travaille 52 heures par semaine. Qu'est-ce que je ferais ? Je prendrais ma caméra et la casserais sur la tête du mec qui voudrait me l'enlever ! C'est horrible cette manière de concevoir les rapports de force !

En fait ces colères ne sont que relatives. Je ne suis quand même pas descendu dans la rue pour manifester ! Ce qui, à la réflexion, m'est arrivé deux fois. Tout d'abord, à propos de l'affaire Langlois qui avait été chassé de la Cinémathèque. Je crois bien que s'il n'avait pas été réintégré, je serais encore sur le trottoir ! Quand j'ai quelque chose dans la tête, je ne l'ai pas dans les pieds ! Je n'étais pas seul. Tous les cinéastes français s'y trouvaient. Les réalisateurs du monde entier menaçaient de retirer leurs films de la Cinémathèque. C'était l'explosion !

Il est tout de même étonnant que Malraux, qui se disait cinéaste, n'ait pas compris ce que représentait

Langlois et qui il était. Pour les gens de ma génération, et même des autres, Langlois a nourri notre amour du cinéma. On nous appelait « Les Enfants de la Cinémathèque ». C'était un peu vrai. La Cinémathèque, installée rue de Messine, avait une programmation échelonnée sur une année. Chaque film étant projeté environ trois fois, cela nous permettait, grâce à ce roulement, d'établir un calendrier. Les projections se déroulaient dans des lieux bien différents. La grande salle, bien sûr, qui pouvait accueillir une centaine de personnes, une deuxième petite salle, et même certaines qui se déroulaient dans l'escalier ! Je me souviens d'avoir vu, assis sur les marches, *Trois pages d'un journal* de Pabst ! Il régnait une atmosphère inouïe ! Lorsque Malraux, fort de ses prérogatives de ministre de la Culture, a eu ses vapeurs en voulant chasser Langlois, il était normal qu'il se heurte à l'hostilité de tous. C'est une bataille qu'il ne pouvait pas gagner. Ce jour-là, lorsque Malraux dut reculer, j'ai compris que face à une idée juste et une volonté absolue de la faire aboutir, on ne peut que perdre.

Car c'est Langlois qui avait créé cette Cinémathèque. Il en était le papa. Sa folie était magnifique ! En fait, il aurait dû être la dernière personne à diriger cette institution, et il était pourtant le seul capable de le faire. Parce qu'il était cinglé ! Il détestait ceux qui ne l'étaient pas. En réalité, pour bien s'entendre avec lui, il fallait être légèrement moins cinglé que lui, mais cinglé quand même !

Malraux a dû reculer. Il redevenait ce qu'il était, c'est-à-dire un petit écrivain. C'est vrai que Malraux n'est pas un très grand écrivain, il faut voir les choses comme elles sont. Ce n'est pas Flaubert. *La Condition humaine* est un livre assez mal écrit, mais avec beaucoup de force et d'espoir. Mon brave père m'a signalé que la « Résistance » de Malraux était l'une des choses les plus drôles qu'il ait vue de sa vie. Mon ami Paul Gégauff avait une phrase formidable concernant Malraux. Quand il se baladait dans Paris, dont les bâtiments venaient d'être restaurés, il disait : « C'est le plus clair de son œuvre ! » Je ne suis pas là pour démythifier qui que ce soit, mais enfin ! Malraux, c'est pas ma tasse de thé !

Par contre, un écrivain étonnant c'est Bernanos ! Et pourtant, voilà un homme dont l'œuvre va complètement à l'encontre de ce que je crois. Je ne suis absolument pas chrétien. Au contraire, je déteste la religion. Malgré cela, Bernanos est un écrivain que j'admire profondément. Il me fascine parce qu'il y a en lui une sorte de folie sincère. Je l'ai connu quand j'étais encore catholique. Je virais même quasiment calotin. Il était d'une grande violence envers ceux qui avaient de la tiédeur dans leurs opinions. En même temps, il possédait une espèce d'indulgence envers les pécheurs, à condition qu'ils soient de grands pécheurs. Ce comportement insupportait toute une partie du clergé. Il fut de toutes les générosités. *La Grande Peur des bien-pensants* est une œuvre absolument formidable. Il est stupéfiant que Les *Grands Cimetières sous la lune* ait été écrit par un calotin. Il fut toujours où était l'honneur et la dignité. Ça donne à réfléchir lorsqu'on voit un fou mystique se trouver le plus souvent dans le vrai. Il ne résolvait aucun des problèmes qui pouvaient se poser à lui en tant qu'être humain. Il ne cherchait jamais la religion comme solution. Au contraire, la religion était plus un devoir qu'une solution. C'est la forme de croyance la plus digne qui se puisse imaginer. Lorsque j'ai lu *L'Imposture* et *La Joie*, je fus totalement bouleversé. Que le mal et l'imposture soient incarnés en un prêtre, c'est extraordinaire ! Et que la joie et une certaine forme de sainteté soient une jeune fille chrétienne, ça me fascine réellement. Ce sont peut-être des livres démodés aujourd'hui dans l'esprit des jeunes. Mais ils ont tort. Ce n'est pas plus démodé que le *Candide* de Voltaire.

Un autre écrivain dont l'œuvre me captiva fut Faulkner. Il fit partie de la grande époque de la littérature américaine du XXe siècle, sans aucun doute la plus riche et la plus novatrice. Après la guerre, qui fut un véritable traumatisme outre-Atlantique, une sorte de « romantisme guerrier » est né. Les auteurs de cette « génération perdue » se retrouvèrent la plupart du temps à Paris. Entre cette nouvelle littérature américaine et le lecteur que j'étais, il y eut naturellement osmose. Je fus fasciné par Faulkner. Son esprit réactionnaire était la marque du sudiste qu'il était. La nostalgie du passé baignait son œuvre. J'ai toujours été frappé de la préface que fit Malraux à propos de *Sanctuaire*. Il disait que c'était l'intrusion de la tragédie grecque dans le roman policier. Alors que ce n'était ni l'un, ni l'autre. La formule avait tout de même plu à l'époque. Mais elle est fausse d'un bout à l'autre. Dans l'œuvre de Faulkner, il s'agissait de la volonté du Nord d'industrialiser le Sud en le violant avec un épi de maïs. Ce qui n'est pas exactement la définition de Malraux.

Avant *Sanctuaire*, j'avais été quelque peu dérouté à la lecture de *Tandis que j'agonise*. La succession de monologues intérieurs me laissait perplexe. En fait, Faulkner a alterné les essais de style. Ainsi *Le Bruit et la Fureur*, écrit en quatre parties, représentait ses flux de pensées totalement différentes les unes des autres. Il fut un vrai auteur qui m'a réellement passionné. Et lorsqu'il vint à Paris faire une signature chez Gallimard, j'ai éprouvé un plaisir fou à le rencontrer, bien qu'il fût beurré comme un Petit Lu !

La deuxième fois où je suis descendu dans la rue, c'était à l'occasion de Mai 68. Je trouvais marrant d'aller foutre la merde. Il y avait des têtes absolument extraordinaires dans la Ve République gaullienne, des tronches dont on ne se souvient pas mais qui étaient impressionnantes. On se disait que l'occasion de les chatouiller un peu, de les irriter, ne se renouvellerait pas souvent. Alors, profitons-en ! Dans ma tête c'était vraiment ça ! Et puis, au fur et à mesure que les jours défilaient, une espèce de folie poétique, de vrai surréalisme, de réel anarchisme se dégageait. Pour une fois, les choses ne se passaient pas sur le papier, mais sur le pavé ! J'ai fait quelques défilés dont un qui se dirigeait vers la gare de Lyon. Expérience assez drôle parce que la plupart des manifestants s'étant dispersés, nous, qui étions en queue du défilé, nous nous sommes retrouvés nez à nez avec les flics. En fait, Mai 68 relevait plus d'un mouvement spontané où n'existait pas cette perversité qu'on trouve en politique.

Quelques jours après le début des événements, le festival de Cannes commençait. Nombreux furent les gens du cinéma qui se rendirent sur la Croisette, alors que rien ne les empêchait de rester à Paris. Tout ça pour s'accrocher aux rideaux du Palais ! Laissez-moi rire !

Je dois préciser que j'ai toujours regardé avec ironie tout ce qui est démonstration, honneurs, toutes ces conneries ! J'ai même adoré le festival de Cannes… avant de devenir cinéaste. J'ai d'ailleurs failli être sélectionné avec mon premier film *Le Beau Serge*. Cela m'aurait aidé. Mais les sélectionneurs avaient préféré le film de François Villiers *L'Eau vive* qui était financé par EDF. J'avais compris ! Inutile de me faire trente-six fois le dessin ! Nous étions au temps où Favre Le Bret régnait sur le festival et où les magouilles fleurissaient. Tout n'était pas arrangé à l'avance, sauf ce qui revêtait une certaine importance. Marcel Pagnol qui fut président du jury a eu un mot magnifique : « L'important, c'est de s'en foutre. » Avec l'arrivée de Gilles Jacob, le festival s'est nettement amélioré. Et, en même temps, il s'est perverti. Alors qu'au début, tout se passait dans le sympathique Petit Palais, la manifestation s'est installée dans un blockhaus. Tout est devenu blockhaus : le Palais et le festival.

Après cette parenthèse, je reviens à mon caractère et à la manière dont je travaille. Étant d'une humeur égale, je ne me mets jamais en colère. L'un des défauts que les comédiens – les jeunes en particulier – peuvent ressentir dans ma façon de les diriger, est de ne pas suffisamment les caresser dans le sens du poil. Lorsque tout va bien, je le leur dis, tout simplement. Et on passe à autre chose. J'avoue avoir tendance à ne pas les cajoler. Ils aimeraient bien que je le fasse, que j'en rajoute un peu : « Ah c'est épatant ! Parfait ! » Je dois avoir tort. Il faut que je m'habitue à être un peu flatteur. Surtout avec les jeunes comédiens qui espèrent vivre ce cinéma dont ils ont rêvé.

En fait, je donne peu d'indications avant le tournage. J'essaie de leur faire trouver le ton et les gestes par eux-mêmes. Je les pousse à imaginer en raisonnant le mouvement exact que je désire qu'ils fassent. Ce dont il faut les assurer – c'est ce que je m'efforce de faire – c'est de la confiance que je leur témoigne.

Je pense que d'autres réalisateurs flattent davantage l'ego des comédiens. Pour demeurer objectif, voici un exemple. Claude Sautet et moi-même avons tourné tous deux avec Sandrine Bonnaire et Emmanuelle Béart. Elles se sont posé la question. Avec qui préféraient-elles tourner ? Sandrine me préférait, et Emmanuelle prenait plus de plaisir avec Sautet. On en a beaucoup ri ensemble. La méthode de Sautet était bien différente de la mienne. Sautet, souvent exalté, pouvait insulter un acteur ou l'embrasser avec chaleur. Personnellement, il m'est impossible d'injurier un comédien ou de le couvrir de louanges.

Mais, sauf rares exceptions, tous mes tournages se passent dans la bonne humeur. Peut-être est-ce le fait que je ne me prends pas au sérieux du tout, mais que, par contre, je prends au sérieux ce que je fais. D'autre part, je suis têtu. Quand j'ai décidé de faire quelque chose il est difficile de me faire changer d'avis. Pour atteindre le but que je me suis fixé, tous les artifices sont possibles. Plus je suis obligé de ruser, plus ça me plaît, plus ça m'excite. Par contre, à l'inverse de ce que beaucoup de gens croient, je ne suis pas du tout provocateur. Je maintiens que la provocation est une forme d'échec, qu'on utilise pour masquer un ratage. Ce qui peut m'arriver, c'est de contrer des gens confits dans des certitudes imbéciles. Je trouve même agréable de les entendre pousser de hauts cris ! La seule manière d'accepter la provocation, c'est de la considérer comme un jeu. Alors, oui, dans ce cas, je l'admets, et même je la pratique. Je tuerais ma mère pour faire un bon mot ! Je pense qu'on a le droit de rire de tout, en se foutant éperdument de Dieu et du Diable ! Je n'ai cependant pas souvenir de gens qui se soient fâchés avec moi à ce propos. Par contre, j'ai subi des réactions étranges. La plus récente se situe à l'occasion d'une émission de télé où j'expliquais que j'avais connu Le Pen pendant mes études de droit, et qu'à l'époque il était très marrant ! J'ai alors vu les visages se figer. J'avoue que ça m'a excité un peu. Toutes ces figures de cire m'observaient comme un ovni ! J'ai alors ajouté que si Le

Pen entrait, on se dirait : « Salut ! Comment ça va ? » Pendant huit jours, la rumeur courut tout Paris : « Chabrol ne serait-il pas Front national ? » « Il faudrait revoir ses films à la lumière de ce nouvel élément ! » Par bonheur, je n'avais pas de film qui sortait à cette époque, sinon ç'aurait été l'assassinat ! Mais je publiais un bouquin avec François Guérif et je suis allé dans l'émission de Guillaume Durand à Canal+. Bien sûr, le cas Le Pen est revenu dans la conversation. À la question « Êtes-vous sûr que le Le Pen d'hier et celui d'aujourd'hui soient le même ? », j'ai trouvé la bonne réplique (comme quoi, ça aide !) : « Je ne sais pas, je n'ai pas vu son cul depuis trente ans. » Les gens ont compris à quel niveau je le plaçais. La polémique a tourné court. Mais cet incident m'a éclairé sur le fait que tout peut être interprété de travers. Ça met du piment à l'existence !

Je continue mon étude de caractère. Je pourrai ensuite évoquer des choses plus sérieuses. Pour parler de mon cinéma, il faut bien que je m'explique sur moi-même. J'ai souvent entendu dire que j'étais gourmand. Je préférerais le mot « gourmet », car j'apprécie la bonne chère. Cela vient de mon enfance. Ma mère faisait très mal la cuisine, et la bonne n'était pas non plus un cordon-bleu. Donc, pendant longtemps j'ai mal mangé. Jusqu'au jour où je suis allé dans la Creuse d'où mes parents sont originaires. Là, je prenais mes repas chez Anastasie, l'ancienne cuisinière de mon grand-père paternel. Ce fut comme un Graal. Cette femme m'a initié au bon goût, et peu à peu je suis devenu très amateur de bonnes tables. Aujourd'hui je sais quand un plat est bon ou ne l'est pas. Il existe des lois gastronomiques, comme il en existe en peinture ou en musique. Je ne dis pas qu'il soit interdit de transgresser la loi de temps en temps, mais il faut savoir jusqu'à quel point on peut aller. Si on se lance comme un chien fou dans la cuisine, on fait un plat immangeable.

Si j'adore la bonne chère, un autre élément me fascine dans le repas. Je me suis aperçu que si on parle à quelqu'un pendant un certain temps, il ne révèle que peu de choses sur lui-même. Sauf si cette conversation a lieu autour d'une table. Il y a fort à parier que la personne en question ne sera pas la même avant et après la bouffe. Son mental change. C'est une des raisons pour lesquelles je tourne de nombreuses scènes de repas dans mes films. L'ayant un peu sacralisé, j'ai fini par m'y intéresser. Je n'étonnerais personne si j'affirmais que j'adore bien manger. En fait, nuance ! Je hais mal manger ! Je ne puis le supporter ! Tout peut être bon. Un œuf à la coque est soit formidable, soit trop cuit, ou glaireux. Quelques sels sont bons, d'autres pas. Des poivres sont meilleurs avec certains plats, il faut donc savoir les choisir. Tout est question de raffinement. Il ne faut pas hésiter à faire mieux lorsque c'est possible, sans frais supplémentaires. Certains mets ont la grâce. On ne sait pas pourquoi. Ils sont tellement bien équilibrés qu'ils deviennent délicieux.

Ma philosophie par rapport au repas me sert en faisant mes films. Il existe, je crois, un rapport direct entre ma façon d'envisager la nourriture et la manière de tourner.

Je préciserais que je n'apprécie pas spécialement les restaurants d'apparat. Je leur préfère des bistrots plus simples, mais où la nourriture me paraît excellente.

Ainsi, en Anjou, j'avale la distance régulièrement pour savourer quelques plats succulents à La Licorne, à trente kilomètres de chez moi. Trente bornes pour un gueuleton, ce n'est pas la mer à boire !

Aurore, ma femme, qui ne manque pas d'humour, m'a affublé de quelques surnoms : « Goupi vin rouge », « Piccolo Teatro », « Hercule Poivrot ».

Merci à Anastasie qui a marqué ma vie, ne serait-ce que sur le plan culinaire. Ce qui n'est pas à négliger ! Elle officiait chez mon grand-père qui était pharmacien, comme le fut également mon père. Ils étaient de petits notables de province. Du côté maternel, c'est assez compliqué. Mon grand-père était le cousin germain de ma grand-mère, c'est-à-dire que le frère de mon grand-père avait épousé la sœur du père de ma grand-mère. Tout cela peut paraître obscur. Après quelques secondes de réflexion, tout va s'éclaircir !

Le grand-père paternel, bien que pharmacien, avait d'autres obligations. Il occupait les fonctions de maire à Ahun, petite ville de la Creuse. Comme il était musicien et écrivait des chansons, il avait pris un pseudonyme. Il signait sous le nom de A. Hun. L'autre grand-père était une espèce de Rastignac. Monté de la Creuse à Paris, il est entré comme aide-vendeur à la Samaritaine pour finir administrateur, tandis que son frère cadet qui était arrivé en même temps que lui n'a pu faire mieux que chef de rayon. Je ne l'ai pas connu, mais ma mère l'admirait beaucoup. Aux récits qu'elle me faisait, j'ai déduit qu'il avait une âme profondément fasciste. Ils habitaient boulevard Arago. Lorsqu'elle était gosse, ma mère portait des petites robes à panier. Elle avait tendance à passer entre un fauteuil et la Salamandre qui servait au chauffage de la pièce. Pour lui montrer qu'elle risquait de s'y brûler, son père lui a pris la main et l'a carrément posée sur la Salamandre. Bien sûr, elle fut brûlée. Je me méfie de ce genre de comportement, d'autant que plus tard j'ai appris qu'il avait été très copain avec le préfet Chiappe, un homme au caractère brutal qui officiait dans les années 30.

Longtemps après l'incident de la brûlure, ma mère eut la joie de m'attendre. Elle était enceinte de trois mois lorsqu'elle fut, avec mon père, asphyxiée par le chauffe-eau de la baignoire. D'urgence, on l'amena à l'hôpital Broca. Lorsqu'elle annonça qu'elle était enceinte, on pronostiqua la mort du bébé. Mais non, j'étais vivant ! Tous les deux mois, ma mère dut se rendre à l'hôpital pour s'assurer que je vivais toujours. La crainte suprême était de voir arriver un être horrible, un monstre pourquoi pas ? Coucou ! C'était moi, trois kilos et totalement normal ! Mais la peur fut si grande que mes parents décidèrent de ne pas avoir d'autre enfant. On s'aperçut que le lait m'empoisonnait. Je fus donc élevé au jus de viande. Des biberons de jus de viande ! Malgré ce régime très spécial, j'étais tout petit. Il est vrai que mes parents n'étaient pas très grands. Mon père devait faire 1,65 m et ma mère 1,58 m. Ainsi à 10 ans, je ne mesurais que 1,30 m. Peu à peu, je retrouvais une taille normale. Le seul phénomène qui me soit resté de cette pré-enfance est une extrême sensibilité à l'odeur du gaz. Même si personne ne se rend compte que ça sent le gaz, je le détecte aussitôt.

Je fus un petit garçon plutôt taciturne et tranquille. Je passais mon temps à regarder par la fenêtre. Je tripotais mes mèches tout en ayant deux doigts dans la bouche. Cette attitude inquiétait légèrement mes parents. « Le gaz ne l'aurait-il pas un peu dérangé ? » Lorsqu'un jour, ma mère s'alarma de ne plus voir l'une de ses amies, je me retournai et racontai par le détail tous les faits et gestes de la dame « qui vient d'acheter quelque chose aux Cent Mille Chemises, qui est vêtue comme ci, qui allait par là... », une vraie machine enregistreuse. « Ça va, le petit est normal », fut la conclusion de ce récit. Et puis il y eut l'épisode du phono qui me permit à quatre ans de prendre la direction des opérations dans la maison. Alors que je ne savais pas encore lire, je réussissais à trouver le titre qu'on me demandait. « Mets *Il pleut bergère*, pas *J'ai du bon tabac* ou une autre chanson. » Mes parents s'extasiaient : « Mais comment fait-il ? » C'était pourtant simple. J'avais remarqué la longueur des titres sur la pochette des disques. Il n'y avait là rien de sorcier ! Plus fort encore ! L'année suivante, le phono tomba en panne. Je suis allé chercher un tournevis, j'ai ouvert le phono et à l'intérieur j'ai trouvé un morceau de fer. Apercevant dans le moteur un petit trou, je l'ai introduit. J'ai branché et le phono a fonctionné. Là, mes parents m'ont pris pour Dieu vivant. À partir de ce jour, j'ai fait ce que j'ai voulu. J'étais le maître absolu à bord, le Génie de la Bastille.

Dieu, c'est vite dit. Car j'ai eu une éducation religieuse, ma mère étant assez calotine. Possédant un esprit de synthèse très poussé, je m'accommodais de la religion et de la croyance en Dieu. Je m'aperçois avec le recul que je trouvais cela pratique. Ça m'évitait de poser des questions. Puis, peu à peu, je n'ai plus senti le besoin, ou la nécessité, d'avoir à utiliser les principes de la religion pour continuer à vivre normalement dans le monde qui nous entoure. J'ai donc abandonné toute croyance. Tous les cultes, sauf pour leur aspect poétique que je reconnais volontiers, me paraissent plutôt une simplification abusive des problèmes de l'existence. Tout cela est logique. Je me suis rendu compte assez vite que les bases de la foi religieuse n'avaient pas une énorme importance dans la vie quotidienne. Par contre cette foi pouvait aider des gens faibles en leur donnant un semblant de force, comme un tuteur peut aider des plantes un peu fragiles. Je n'ai rien contre les gens qui en ont besoin, mais qu'ils fichent la paix aux autres. Je suis gêné quand les religions sont à l'origine de 99 % des conflits dans le monde. C'est proprement lamentable.

Quant à mon éducation, elle s'est faite à Sardent, dans la Creuse, où je me trouvais en 39 lorsque la guerre fut déclarée. Mes parents ont pensé que j'y serais plus en sécurité qu'à Paris. J'ai passé mon certificat d'études, et à partir de la 6e je travaillais par correspondance avec le curé. Comme il était aussi nul que moi en maths, on cherchait la solution ensemble. Ce qui m'a relativisé la notion de prof, puisqu'il était prof lorsqu'il connaissait son sujet, et élève lorsqu'il ne le connaissait pas. J'ai donc compris rapidement que personne n'a la science infuse.

C'étaient ma grand-mère et sa sœur, ma tante Louise, qui étaient chargées de s'occuper de moi. Très vite j'ai vécu la première expérience de la mort. Ma tante préparait le petit déjeuner lorsqu'elle s'est effondrée en poussant un grand cri. Elle venait d'avoir un transport au cerveau. J'ai alors vu le comportement des gens devant la mort face à ceux qui expiraient, mais également face aux proches, à ceux qui restaient. C'est un comportement totalement altruiste, mais en même temps très égoïste. Je m'explique. Pour une fois, ce sont les autres qui sont dans le malheur. Ce qui les satisfait d'une certaine manière. Ils sont donc prêts à vous donner leur cœur. Ils sont bourrés de commisération. Ils deviennent des consolateurs d'oreiller. Jusqu'à un certain point toutefois. Jusqu'au moment où cela peut gêner leur propre confort. Cette situation n'ayant rien à voir avec les pleureuses siciliennes où la mort intervient souvent de manière mystérieuse, et quelquefois brutale. Les pleureuses remplissent donc un rôle. Elles font partie des traditions.

Si mes parents m'avaient laissé à Sardent, c'est principalement parce que mon père était rentré dans un réseau de Résistance. Dès le début de l'Occupation, il récupérait dans sa pharmacie de l'avenue d'Orléans (aujourd'hui, avenue du Général-Leclerc) les Anglais ou les Américains qui étaient parachutés. Dans son arrière-boutique, il y en avait toujours cinq ou six. C'était vraiment gonflé et culotté ! Chacun possédait un pseudonyme. Mon père s'appelait Lefort… à cause de Fort Chabrol. Un autre se nommait « la Casserole » parce qu'il fabriquait des ustensiles de cuisine. Ça ne me paraissait pas sérieux, et pourtant ça l'était. D'autant que « la Casserole » – de son vrai nom Jovigneau – ne pouvait s'empêcher en entrant dans la pharmacie de regarder de tous côtés, comme dans un mauvais film d'espionnage ! Tout n'était pas folklorique cependant. Un ami de mon père, Maurice Ripoche, s'est planqué dans la Creuse pendant quelques jours, car il se savait surveillé. En remontant à Paris, il s'est fait arrêté par les Allemands. Il est mort décapité.

Fin août 44, nous sommes retournés à Paris dans la voiture que mon père avait laissée à Sardent. Les barrages de police étaient fréquents sur les routes, et lorsque nous étions arrêtés mon père montrait ses papiers. Les flics ou soldats se mettaient au garde-à-vous et saluaient en s'exclamant : « Passez, mon colonel ! » Ce qui me distrayait beaucoup, car mon père avait été réformé lors de la guerre de 14-18. J'étais assez fier et amusé tout à la fois !

Ma vie à Sardent s'était d'abord organisée autour de la lecture. J'avais commencé à lire dès l'âge de sept ans. Il y avait à l'époque des bouquins de lecture. C'était épatant, parce qu'on y trouvait des extraits de différents ouvrages. J'ai ainsi lu *Le Cid* de Corneille, *Le Comte de Monte-Cristo* d'Alexandre Dumas et bien sûr la Comtesse de Ségur. Arrivé à Sardent, j'ai dû me débrouiller pour trouver des bouquins. J'en ai récupéré chez d'anciens employés de la maison. À leur domicile, j'ai déniché plein de romans populaires, *Fanfan la Tulipe, La Porteuse de pain*. Chez le pharmacien, j'ai lu surtout des polars. Chez le notaire, c'était différent. Comme il achetait le prix Goncourt chaque année, j'avais un choix considérable qui s'offrait à moi. C'est ainsi que je découvrais le premier lauréat du Goncourt *Force ennemie* de John Antoine Nau. Une sorte de science-fiction métaphysique. J'achetais aussi des lots de bouquins à Guéret. Drôle de culture tout de même. Je faisais mes études par correspondance, le curé me donnait des cours de latin et de maths, j'ai appris l'anglais tout seul. Ce furent quatre années de liberté intellectuelle formidable. Le résultat : des failles absolument monstrueuses, mais aussi des connaissances inattendues. Ainsi l'œuvre de Corneille dont *Le Cid* fut le point de départ. Car j'ai ensuite lu avec délectation non seulement ses pièces, mais aussi les « examens ».

Avec chacune de ses œuvres, Corneille en faisait l'examen, non pas telle qu'elle allait être proposée au public, mais telle qu'elle avait été présentée : une espèce de travail d'analyse *a posteriori*. Tous ceux qui veulent se fabriquer un esprit critique devraient jouer ce jeu-là, parce que le résultat est formidable.

Par rapport à Racine, un peu trop enrubanné à mon goût, j'ai toujours préféré Corneille, presque plus maladroit mais – si je peux me permettre – plus franc du collier. Même si la musique des mots chez Racine est superbe, j'ai toujours été gêné par quelques artifices. Cette idée de démarrer certaines scènes par « oui » pour dire que l'action est déjà commencée, me dérange. « Oui, puisque je retrouve un ami si fidèle... », « Oui, je viens dans son temple honorer l'Éternel ». Cela fait un peu « truc ».

Pour revenir à Corneille, il est de bon ton d'expliquer que Corneille c'est Molière. Certes, si Corneille a aidé Molière sur l'écriture de *Psyché* – il en a sans doute écrit la moitié – il n'a fait que le conseiller pour ses autres pièces. Et si on ne trouve pas de manuscrit de Molière, on n'a jamais, non plus, découvert certaines de ses œuvres écrites de la main de Corneille.

Mon éducation cinématographique a commencé très tôt. J'avais quatre ans. Mon oncle possédait un cinéma rue de Vaugirard, Le Nouveau Théâtre, son appartement étant situé dans le même immeuble. Un jour où toute la famille se trouvait réunie, quelqu'un a suggéré qu'on m'envoie dans la salle de cinéma. Je m'y suis installé. On projetait ce jour-là *Anthony Adverse*, un film de Mervyn Le Roy, avec Fredric March. Une grande histoire d'amour où une jeune femme, qui venait d'être mariée à un vieux barbon, était courtisée par un beau jeune homme. Lors du duel qui opposait les deux hommes, la fille apparaissait au balcon. Le jeune homme, troublé par sa présence, la regarda. Le vieux en profita pour l'embrocher. Toutes les notions que l'on m'avait inculquées sur l'honneur s'effondraient d'un seul coup d'épée. Mais pas mon amour – ma curiosité serait plus juste – pour le cinéma. Je fus un spectateur assidu du Nouveau Théâtre jusqu'à mon départ pour Sardent.

Avec quelques copains, nous lançâmes un cinéma, Le Sardentais. Il nous fallait de l'argent. Un garçon plus âgé que nous, Georges Mercier, qui était agent-voyageur, décida que je devais chercher le pognon pour monter notre entreprise. Tout ça parce que j'avais été reçu à mon certificat d'études premier du canton, et que cette distinction me conférait une aura particulière. J'ai donc fait le tour du village et j'ai réussi à récolter 75 000 francs de l'époque. C'était assez pour monter une société anonyme et pour louer un garage désaffecté. Je fus le premier projectionniste, remplacé bientôt par un garçon qui venait de fêter ses douze ans. Cependant la programmation représentait le point le plus délicat. Nous trouvions des films locaux à Marseille. Des distributeurs nous envoyaient des copies épouvantables, des films qui duraient la moitié de leur temps, dont l'image sautait. C'était horrible ! Nous devions également passer un certain nombre de films allemands. Déjà les quotas ! Parmi eux, un navet monstrueux, *Le Mystère de la Betty Boon*, une sorte de polar qui se déroulait dans la soute d'un navire. Et puis *Le Juif Suss*. Sa programmation était obligatoire, si nous voulions continuer à recevoir des films. Parmi eux *Son dernier modèle* fut présenté comme « le premier film américain ». J'avais eu cette idée pour faire augmenter nos minces recettes ! Un autre truc pour faire rentrer les clients était de présenter la trilogie de Pagnol. Ça marchait à tous les coups ! Le public aurait pu la voir cinquante fois, il n'en était jamais rassasié ! Les gens demandaient beaucoup Sacha Guitry. Malheureusement, les distributeurs ne nous ont proposé que *Donne-moi tes yeux* qui est loin d'être son meilleur film.

L'une des leçons que j'ai retenues de cette expérience est le culot des distributeurs qui n'hésitaient pas à envoyer dans les petites villes des copies scandaleuses. Bien sûr au même prix qu'une copie neuve ! Et tant pis pour le malheureux spectateur qui payait sa place ! Je crois que cette déplorable attitude a duré jusque dans les années 50.

Pour en revenir à la vie à Sardent pendant l'Occupation, elle fut très calme. On y voyait peu de soldats allemands. Le quotidien n'avait pas changé. Seul, par manque de farine, le pain ressemblait à une sorte de gâteau dégueulasse. L'événement fut le départ d'une quinzaine de gens, jeunes pour la plupart. Pour fuir le service du travail obligatoire, ils avaient rejoint le maquis. Le maire les guidait dans cette aventure qui s'achevait dans les bois distants de cinq kilomètres.

J'ignorais tout cela. Jusqu'au jour où, en jouant à cache-cache avec des copains, je suis tombé sur eux. Le maire m'a fait promettre de garder cette rencontre secrète, ajoutant que mon père m'expliquerait. Malheureusement, le maquis a été dénoncé. Quelques hommes ont été tués. Dans Sardent, ce fut une vraie tragédie. Ce jour-là on a pris conscience de l'existence de la guerre.

Beaucoup plus tard, après le drame d'Oradour, nous avons vu arriver des soldats allemands. Peut-être faisaient-ils partie de la division Das Reich. Ils se sont amusés pendant une journée à réunir des gens sur la place, à demander où se trouvaient les Juifs. En fait, en attendant les ordres ils s'ennuyaient ferme, et ils se sont contentés de se donner en spectacle.

Fin de la guerre. Retour à Paris. Je rentre au lycée Louis-le-Grand où je fais ma seconde, ma première, ma philo. Tout se passe bien. J'obtiens même des notes en philo qui me paraissent très supérieures à ma réelle valeur. Je partage souvent la première place avec Gilles Jacob, qui est aujourd'hui le président du festival de Cannes. Puis nous nous sommes perdus de vue jusqu'au jour où il est devenu critique cinématographique. Grâce à lui, je regarde aujourd'hui le festival avec un peu plus d'indulgence. Bien que j'admette difficilement la présence de films français dans un festival qui se déroule en France. Je m'explique. Je suis partisan de la présence de films français à l'étranger. J'aimerais qu'il n'y ait pas de films nationaux dans les festivals. La projection d'un film dans son pays d'origine n'a pas le même sens que la projection d'un film étranger. J'imagine un film étranger mal accueilli à Cannes. Ce n'est pas dramatique. Par contre, un film français mal reçu par la critique peut être condamné lors de sa sortie. Finalement, j'ai accepté que l'un de mes films, *Violette Nozière*, soit présenté à Cannes, pour faire plaisir à Isabelle Huppert qui, scandaleusement, avait raté le coche l'année précédente avec *La Dentellière*.

Lorsque j'étais en philo, j'avais une boulimie de lecture. Dans la Creuse, trouver des bouquins relevait du parcours du combattant. Alors qu'à Paris, on pouvait en dénicher partout. Mais ils étaient chers, et mes parents ne me gâtaient pas avec l'argent de poche. Il me fallait donc me débrouiller. Je me suis aperçu qu'il existait une sorte de marché noir des bouquins, surtout entre 1945 et 1947. En particulier des livres de littérature américaine de l'immédiate avant-guerre n'avaient pas été réédités, et atteignaient sous le manteau des sommes considérables. En cherchant bien, on pouvait en acheter certains pour un prix raisonnable et les revendre trois fois le prix. Après les avoir lus, bien sûr. Telle fut l'activité qui me permit, avec les bénéfices, de me constituer une bibliothèque assez intéressante. Plus fort encore ! J'ai constaté un jour que les livres dédicacés valaient beaucoup plus cher, et que la plupart des gens ignoraient la signature des écrivains. J'avoue que j'ai fait quelques petites escroqueries, en imitant de fausses dédicaces d'Hemingway, Faulkner, Steinbeck ou Dos Passos. Ce n'était pas très compliqué, car il y avait chez Laffont une anthologie d'auteurs américains où toutes les signatures étaient reproduites ! Il me suffisait d'ajouter « my best regards » et le tour était joué !

La littérature américaine influençait énormément nos écrivains. Ainsi Albert Camus a reconnu que *L'Étranger* était né de la lecture du *Facteur sonne toujours deux fois*. Jean-Paul Sartre, de son côté, considérait Dos Passos comme le plus grand écrivain du XXe siècle. Hors les auteurs américains, j'eus la révélation du phénomène Georges Simenon dont j'avalais la plupart des ouvrages. Et puis les auteurs pro ou anti-nazis des années qui ont précédé la guerre, ceux qui avaient quitté l'Allemagne et l'Autriche, comme Ernst Eric Noth qui, réfugié en France, avait écrit un livre admirable, *Le Désert*, ou encore Casimir Edschmidt, auteur du magnifique *Destin allemand*.

Côté poésie, j'aime Baudelaire, Rimbaud, Corneille. J'aime assez Ronsard, Villon. Bref, les poètes qui ne donnent pas dans la préciosité. Ainsi, je suis absolument insensible aux poètes romantiques, excepté Victor Hugo. Alfred de Vigny, par exemple, me donne l'impression de pleurer dans ma tasse de thé. Peut-être est-ce l'une des raisons de ma vénération pour Flaubert. Il représentait le refus absolu du romantisme qui fausse la réalité. Je crois, au contraire, que l'écriture est dans la lucidité.

Après ma première année de droit, je suis rentré à Sciences Po. Pour quelles raisons ? Je n'en sais toujours rien ! Mon père me menaçait de faire mes études en pharmacie. Pour contrecarrer cette idée, je faisais feu de tout bois, m'inscrivant dans toutes les facs possibles. D'où sans doute l'idée de Sciences Po… où je ne suis resté que quinze jours. C'est un peu comme si on avait mis un chat dans un repaire de chiens ! Les gens qui se trouvaient là n'appartenaient pas au même univers que moi. La future élite puait la rage. C'était épouvantable.

Peu de temps après ces deux semaines de cauchemar, j'ai aussi laissé tomber la fac de droit où je commençais à m'ennuyer fermement. Par bonheur, je faisais partie d'une bande de joyeux drilles. Nous passions notre temps à boire des coups, à sauter des filles, jouer au ping-pong et surtout au bridge. De temps à autre, nous organisions quelques chahuts en classe. Je me rappelle un prof d'histoire du droit dont la voix était particulièrement ridicule. Un jour, je ne sais pas ce qui m'a pris, je lui ai envoyé un chiffon rempli de craie en pleine poire. Ce fut terrible. Il ramassa le chiffon, dit simplement « Vous me tuez » et continua son cours. Il n'a plus réapparu à la fac. Trois jours après, on apprenait qu'il était mort. Je ne l'ai pas tué, mais sans doute y ai-je contribué, et je n'en suis pas très fier.

Bon gré mal gré, je me suis retrouvé à dix-huit ans et demi avec une licence de lettres modernes, j'ai failli être nommé prof de gym dans un cours privé de Vichy, et finalement pour faire plaisir à mon père j'ai fait ma première année de pharmacie... pendant quatre ans ! À laquelle il faut ajouter un stage dans la pharmacie Ferrand avenue de Friedland. Mais, vraiment, être en blouse blanche toute ma vie me paraissait absolument injouable ! D'autant que le cinéma trottait toujours dans ma tête. J'étais un forcené des salles obscures. Je voyais tout. Deux, trois films par jour en moyenne !

Le premier film que je vis dans le ciné-club où je m'étais inscrit fut *Le Testament du docteur Mabuse* de Fritz Lang. Dès la première bobine, je crus devenir fou, tellement je trouvais cela sublime. J'étais dans un état tel que j'avais du mal à respirer. Ce choc a eu une importance capitale pour moi. Dès ce jour-là j'ai rêvé de faire des films. Je fus victime d'une véritable boulimie de cinéma. J'allais tout voir. C'était l'époque du grand retour des films américains sur nos écrans. Les deux années qui suivirent furent hallucinantes. Tous les meilleurs films des années 30 et de la période de guerre envahissaient nos salles. Les films « noirs » (*Assurance sur la mort* de Billy Wilder, *Laura* d'Otto Preminger) faisaient mes délices.

*La Règle du jeu* de Jean Renoir fut mon film « quotidien ». Je crois l'avoir vu plus de quatre-vingts fois. J'étais victime d'une distorsion du temps. Des week-ends entiers passaient avec ces personnages. Je n'ai jamais ressenti une telle impression avec un autre cinéaste. Chez Renoir, on ne se sent pas mené, ni dirigé. Il y a une liberté du spectateur qui lui permet de s'identifier et de pénétrer dans l'univers où l'action se déroule. Il n'existe que très peu de films de Renoir où ce phénomène n'agit pas. La notion du temps est biffée, effacée. On va voir *La Règle du jeu*. On en ignore la durée. Personne ne le sait.

Les quarante premières fois où j'ai vu *La Règle du jeu* étaient des copies mutilées. Lorsque le film fut reconstitué, j'eus le sentiment bizarre de vivre dans un univers que je connaissais bien, mais avec des scènes que je n'avais jamais vues. Il a donc fallu que je m'habitue à vivre dans ce nouvel entourage. Sept ou huit visionnages furent nécessaires pour ne plus être dérangé par ces nouvelles images.

À sa sortie, il faut préciser que le film a fait un bide noir. Renoir en a été très affecté, d'autant que les distributeurs ont exigé que l'on coupe certaines scènes. C'est toujours la même histoire lorsqu'un film ne marche pas. Les producteurs et distributeurs deviennent fous et exigent des coupes partout et n'importe où.

Après la guerre, grâce à Bazin et Langlois, on a commencé à trouver ce film magnifique. Il est aujourd'hui considéré comme un joyau du cinéma français.

Les deux cinéastes qui m'ont le plus marqué sont donc Jean Renoir et Fritz Lang. Deux artistes totalement différents ! Ce que j'aime et admire chez Renoir est exactement le contraire de ce que j'aime et admire chez Lang. Ce dernier affiche une volonté stricte, presque teutonne, mais géniale, alors que chez Renoir on sent une formidable liberté.

À ma connaissance, Lang est le seul cinéaste qui ait fait deux remakes d'un autre cinéaste. Le remake de *La Chienne* est devenu *La Rue rouge*, celui de *La Bête humaine*, fut *Désirs humains*. Dans les deux cas, Renoir triomphe. Ses films sont meilleurs ! Ce qui donne à réfléchir. Apporter de la rigueur dans un univers dont la force est l'absence de rigueur détruit partiellement l'œuvre en question. À l'inverse, cela construit un aspect plus froid, plus mécanique, mais moins intéressant.

Ce qui signifie que le côté humain est de loin le plus important. Lorsque, chez Fritz Lang, l'humain réussit à passer, ça devient prodigieux, d'une pureté folle. La fin du *Maudit* est, en ce sens, exemplaire. Malheureusement, il se trouve que Lang distribue ses vagues de simple humanité avec parcimonie, alors que Renoir nous en inonde.

Il est temps de reprendre le récit de ma vie. Ayant été souffrant, mes parents m'ont envoyé en Suisse. Là, j'ai rencontré Agnès, fille d'un haut fonctionnaire français. Sept mois plus tard, nous nous mariâmes. Comme elle avait une petite fortune, j'ai vécu comme un prince pendant cinq ans. Tout en écrivant des nouvelles policières dans *Mystère-Magazine*. *Musique douce* obtint une mention d'honneur au grand prix de la Nouvelle policière, et *Dernier Jour de souffrances* le deuxième prix ex-æquo. *Musique douce* racontait l'histoire d'un jeune homme qui voulait se débarrasser de sa petite amie, la zigouillait et se faisait prendre pour un détail imbécile. Il la mettait dans un sac qu'il fermait avec la ficelle qui entourait un gâteau dégusté la veille. Lorsque les flics venaient l'arrêter, il se relevait en criant : « Quel rêve imbécile ! » C'était une « nouvelle » gentille, sans plus.

*Le Dernier Jour de souffrances* s'avérait plus complexe. Un type blessé et mutilé pendant la guerre était marié avec une très belle femme et ils avaient un fils qu'il adorait. Il s'aperçut un jour que son épouse couchait avec son meilleur ami. Comme il était assez riche, les amants commencèrent à l'empoisonner doucement. Le mari s'en aperçut, appela son fils et lui fit part de ses soupçons. Le garçon n'en croyant rien, il lui dit : « Je vais boire le café que l'on vient de me faire, tu verras. » Il but le café… et tomba raide mort ! Le fils descendit aussitôt au rez-de-chaussée et annonça la bonne nouvelle. Il faisait partie de la conspiration.

En 1953, Agnès attendait un heureux événement. Malheureusement, l'accouchement se passa mal, et l'enfant ne vécut que dix jours. Ma femme désira en faire un autre tout de suite. Pendant sa grossesse, le service militaire (j'étais sursitaire) me rattrapa, et je me suis retrouvé à Coblence, en Allemagne : je fus versé dans le 53^e^ bataillon médical. Au bout d'un mois et demi de service, j'ai obtenu une permission exceptionnelle de six jours pour Noël. La combine était la suivante. Je m'étais porté volontaire pour donner du sang à l'intention des soldats de l'Indochine. Les gars de ma chambrée ont vite compris le truc. On a tous pu profiter des fêtes de Noël ! Deuxième combine : ne pas être sélectionné dans les élèves officiers de réserve qui se retrouvaient à Lyon. Mon but était de rentrer à Paris. Pour cela il fallait être admis dans les élèves sous-officiers dont le siège était à la caserne Lourcine à Paris. Il était nécessaire de viser juste dans les tests, questionnaires, concours. Car les meilleurs partaient pour Lyon, les mauvais restaient en Allemagne. Il me fallait trouver le bon créneau. À 12, ou 12,2 c'était bon. À 13, on allait à Lyon. Tout s'est donc passé selon mes calculs, et j'étais à Paris pour la naissance de mon fils Jean-Yves.

Ma passion pour le cinéma devenait de plus en plus vive. Il faut préciser qu'à l'époque les cinéphiles étaient à la fois moins nombreux et plus sérieux que ceux d'aujourd'hui. C'était vraiment des fous fanatiques ! On se connaissait pratiquement tous puisqu'on se rencontrait soit à la Cinémathèque soit dans les ciné-clubs. Et dans les salles bien sûr. Je me souviens d'un cinéma situé en bas des Champs-Élysées, Le Broadway, spécialisé dans les versions originales. Le premier mercredi, la salle était pratiquement occupée par les dingues de cinéma que nous étions. J'ajoute pour être complet sur ce sujet que l'oncle exploitant de cinéma m'emmenait souvent à des projections corporatives à 10 heures du matin. Je visionnais ainsi les nouveaux films américains en avant-première. J'ai en mémoire l'accueil glacial fait au film de Lubitsch *To be or not to be*. La critique aussi avait été assez mauvaise, de même que pour *Les bourreaux meurent aussi* de Fritz Lang et *La Nuit du chasseur* de Charles Laughton. Plus tard, certains critiques ont révisé leur jugement. C'est très rare les gens qui dénoncent leur propre jugement. Je l'ai vécu une fois à propos des *Bonnes Femmes*. Le critique de *L'Humanité* Samuel Lachize l'avait démoli.

Quatre ans plus tard, il écrivait : « Je viens de revoir *Les Bonnes Femmes*. Je suis un crétin. Je n'avais rien compris. » Pas mal ! Humainement, ça mérite un coup de chapeau !

Au cours de ces projections quotidiennes dans les ciné-clubs, je suis devenu copain avec différents personnages, dont Paul Gégauff et Éric Rohmer. On se rencontrait souvent au Grand Cluny, ciné-club du quartier Latin dirigé par un nommé Froeschel. Un type très mariole qui se débrouillait pour obtenir des films, bien que ne faisant pas partie de la Fédération française des ciné-clubs.

Paul Gégauff et Éric Rohmer étaient très amis. Et pourtant, j'ai rarement connu des gens aussi différents d'apparence. Paul vivait dans l'excès. Rohmer ressemblait à un ascète. Je m'entendais très bien avec les deux. Je devais sans doute les amuser, ayant dix ans de moins qu'eux. Ils représentaient pour moi deux nécessités, alors que j'étais encore à la recherche de ma vraie personnalité. L'un symbolisait la joie, la folie, l'autre l'esprit de sérieux allié à une bonne dose d'humour. Ce contraste entre ces deux hommes me convenait parfaitement. En revanche, ce que je comprenais mal, c'était l'attirance qu'ils avaient pour moi.

Rohmer, pour qui j'éprouvais une réelle admiration, a écrit des pages admirables non seulement sur le cinéma mais sur les arts en général. Cet homme de grande culture et doté d'une intelligence bien au-delà de la moyenne reste volontairement mystérieux. Il ne se montre pas. Dans le temps, il avait ses raisons. Ses parents le soupçonnant d'être pianiste dans un bordel, il changea le nom de Scherer en Rohmer. Pour la seule photo qu'il ait accepté de faire, il s'affubla d'une fausse barbe. Il restait ainsi dans l'anonymat. Toute sa vie fut complètement préméditée. Je crois qu'il n'a jamais rien fait sans que ce soit mûri et calculé. Il est d'ailleurs le seul cinéaste qui fut capable de tourner des cycles qu'il numérotait avec soin. Tout était organisé. Sauf les tournages de ses films pour lesquels il s'accordait une certaine liberté. Je trouve extraordinaire que dans un art où il s'agit de planifier au maximum pour dépenser le minimum d'argent, il faisait l'inverse tout en réussissant à faire des films très bon marché. S'il est resté fidèle aux principes de la Nouvelle Vague – il tourne souvent incognito en décors naturels – il filme aussi en s'appuyant sur des trucages virtuels, comme récemment dans *L'Anglaise et le Duc*. Je trouve superbe que cet homme de quatre-vingts ans puisse utiliser, avec talent, la technique moderne. De ce point de vue, il est plus jeune que moi !

Mon autre ami Paul Gégauff disparut un jour. Cela a duré quelques années. Le temps de dépenser l'héritage que son grand-père venait de lui laisser. Lorsqu'il revint, je peux dire que nous ne nous sommes plus quittés. Il m'a apporté énormément de choses, m'a aidé à me libérer de tous mes complexes. Je l'ai littéralement sucé comme un vampire. Nous sommes allés très loin dans la folie. Nous passions des coups de fil, pas méchants, mais qui nous distrayaient l'esprit. Ainsi, nous avions repéré un glacier de Neuilly qui s'appelait Baise. Nous lui avons passé un coup de fil : « Allô, Madame Baise ? C'est Monsieur qui doit être content ! » Et on raccrochait. Des histoires d'étudiants !

Plus sérieusement, Paul Gégauff était un homme fort, n'admettant aucune règle quelle qu'elle soit. Il me fallait faire attention à prendre son enseignement et à refuser l'exemple. Car j'étais marié et père de famille. Lui était un provocateur né. Pas par esprit de provocation, plutôt par philosophie. Il pensait que cela faisait partie de la recherche de la vérité. Une tournure d'esprit proche de *Hara-Kiri*. En fait, Paul était un être asocial qu'il fallait savoir utiliser. Comme un médicament très puissant dont il ne faut prendre que des doses raisonnables.

Nous avons travaillé ensemble sur douze films. Par exemple, sur *Les Bonnes Femmes*, nous étions partis sur l'idée de faire un film sur les âmes simples, et nous avons trouvé le principe de vendeuses dans les magasins à forte marge bénéficiaire, où il est interdit de louper une vente. S'il y avait quatre clientes, il fallait quatre vendeuses. Et brusquement on a basculé de l'hyperactivité à la sous-activité, ce qui nous a paru plus intéressant. On travaillait en parlant du sujet, puis il écrivait une mouture du scénario. La veille du tournage, il changeait encore certains détails. De temps en temps, il me disait que tel personnage ne l'intéressait pas. Il laissait de côté tout un pan du scénario. À moi de colmater les brèches. Finalement, parmi les gens avec qui j'ai travaillé, je crois que c'est celui dont j'ai le plus respecté l'écriture. En général, je me contentais de raccourcir certaines scènes ou de supprimer quelques détails. Alors qu'habituellement je préviens mes scénaristes : « Vous me faites une mouture du scénario. C'est pour moi comme un livre que je dois adapter. Soit je copie tout simplement. Soit je change tout. » Avec Paul Gégauff, la plus belle réussite de notre collaboration a été *Que la bête meure*, adapté d'un roman du père de Daniel Day Lewis qui s'appelait Cecil Day Lewis. Il était le poète de la Reine. Il écrivait ses polars sous le nom de Nicholas Blake. Je me suis entiché de ce bouquin, et j'ai demandé à Gégauff de réduire toute la phase policière que je trouvais assez enquiquinante. Paul a fait un remarquable travail. J'ai simplement raccourci la première partie qui s'étalait un peu trop sur ce qui précède la mise en route.

Une autre amitié de cette période fut celle de Jacques Doniol-Valcroze. C'était un homme charmant, un des types les plus gentils que j'ai connus. Grâce à lui, je suis rentré comme attaché de presse à la Fox. Je pensais que Truffaut et surtout Rivette qui crevait la dalle littéralement pourraient faire ce boulot. Mais comme l'envie ne les étouffait pas, j'ai accepté que Doniol-Valcroze me présente à Ascarelli, un Italo-Américain représentant la Fox à Paris. Lorsque je suis arrivé, j'avais une secrétaire à mi-temps. Deux années plus tard, lorsque j'ai quitté ce poste, j'avais quatre personnes dans mon service. J'écrivais des articles qui étaient ensuite prédigérés par la presse de province, je cherchais les titres français qu'il fallait donner aux films américains. J'ai fait sortir certains films qui étaient menacés de rester dans les tiroirs comme *La Blonde et moi* avec Jane Mansfield dont j'ai dû faire la biographie. C'est ainsi que j'ai imaginé que dès l'âge de douze ans elle impressionnait son monde par la dimension de ses glandes mammaires. Peut-être à cet âge-là était-elle plate comme une limande ! À un certain moment, étant en train d'écrire *Le Beau Serge*, j'ai demandé à Ascarelli de ne travailler qu'à mi-temps. Non seulement, il a accepté, mais il a continué à me payer comme avant. Donc, sans prétention, je puis affirmer qu'il était content de mon travail !

Parallèlement je faisais partie de l'équipe des *Cahiers du cinéma.* J'avais pris le pseudonyme de Jean-Yves Goute. Jean-Yves était le prénom de mon fils et Goute le nom de jeune fille de ma femme. Avant de rentrer à la Fox, je signais « Chabrol » dans *Les Cahiers.* Ensuite ma déontologie personnelle me persuadait de signer mes articles sous un nom d'emprunt. J'ai eu également un autre pseudonyme pour un « papier » sur le maccarthysme. J'avais intitulé l'article *Le Cigare et le Sphinx* et j'avais signé Charles Etel, qui était le nom d'un personnage d'un roman de Norman Mailer *Le Parc aux cerfs.* L'action se situait à Hollywood où un type était traqué par les sbires du maccarthysme.

En tant que critique, je crois bien que le seul mauvais papier que j'ai fait était à propos de *Le Pain vivant.* D'après un scénario de François Mauriac, ce film était vraiment ridicule. Je dirais même grotesque. Le réalisateur – dont on n'a plus entendu parler depuis – s'appelait Jean Mousselle. Pour moi spécialiste de la religion chrétienne – j'étais encore catholique à cette époque – je ne pouvais qu'être révulsé par cette histoire.

J'ouvre une parenthèse à ce propos. Pendant l'écriture du *Beau Serge*, je me suis aperçu que la croyance est à l'intérieur de l'être humain et pas à l'extérieur. Mon esprit de synthèse m'a amené à penser que les éléments en notre possession nous permettent d'affirmer que la plupart des signes extérieurs de la religion sont du pipeau. Donc, j'ai compris qu'entre les avantages et les défauts de la religion – quelle qu'elle soit – les défauts l'emportaient largement. Ce qui est attristant, c'est que plus le monde va évoluer, plus ses défauts vont apparaître au détriment de ses qualités. Jusqu'au moment où l'homme sera suffisamment mûr pour se dire qu'il peut s'assumer sans l'aide de Dieu, d'Allah ou je ne sais qui. La seule religion qui semble avoir une légère tendance à survivre est l'islam. L'explication est simple. Elle s'adresse aux gens qui se trouvent le plus dans la mouise. La religion est faite pour ceux qui sont dans la purée, pour leur permettre de garder de l'espoir, et faire en sorte que ceux qui, à l'intérieur du même groupe, ne sont pas dans le besoin, n'aient pas à s'en faire pour leur bien. Le côté « le ciel t'aidera si tu l'aides » me semble une trouvaille intéressante. Pour revenir à l'islam (c'est l'actualité du moment), même s'il paraît moins puissant qu'au IXe siècle, il a conservé une vitalité qui s'explique par le fait que la plupart des pays islamiques ont un développement insatisfaisant au niveau des individus. Justement parce que la religion y est forte et que son rôle, qui consiste à laisser aux puissants et aux riches la possibilité de le rester aux dépens des autres, marche parfaitement bien. Une chose est sûre. C'est dans les pays pauvres que l'islam se développe le plus. Et ce sont ces pays qui possèdent les gens les plus riches. Le décalage entre très riches et très pauvres est évident. Dès que l'on essaie de réduire la différence entre les deux, la religion n'a plus d'utilité. Le drame des religions est de créer des conflits. Sinon, ce ne serait pas grave. Tout le monde a bien le droit de croire à ce qu'il veut, à ce qui l'aide à vivre. Mais admettre le principe que des êtres humains s'entretuent au nom de Dieu, qui est censé leur avoir donné la vie, n'a strictement aucun sens.

Il est temps de refermer cette parenthèse, et de revenir aux *Cahiers*. Les deux patrons s'appelaient André Bazin et Jacques Doniol-Valcroze. Bazin était le père spirituel, et Doniol une espèce de Monsieur bons offices. Sa diplomatie était essentielle pour calmer les heurts entre les tenants des différentes tendances. Par exemple, Rohmer n'admettait pas que Bazin ne comprenne pas Hitchcock. Chacun avait ses raisons, et celles-ci étaient parfaitement discutables. Mais on ne pouvait les discuter que si on admettait les principes. Si le principe de l'hitchcockisme était admis, on pouvait débattre. Sinon il n'en était pas question. Hitchcock et Howard Hawks étaient les modèles de la politique des auteurs, souvent très mal comprise et déformée. Non seulement déformée mais transformée en son contraire. L'idée était que même si l'on n'a pas écrit le scénario, l'auteur du film est celui qui le fait. À condition que la personnalité, la vision du monde, et le talent soient suffisamment affirmés pour que leurs films deviennent des films à eux, c'est-à-dire d'Hitchcock ou Hawks. Plus tard, la politique des auteurs est devenue l'inverse. Les auteurs devaient impérativement avoir écrit les scénarios. Ce qui est un principe faux. Les scénaristes sont auteurs de leur scénario, pas du film.

En plus de Hitchcock et Hawks, nous aimions Fritz Lang, Murnau, Renoir, Rossellini. Mais l'un des défauts de notre système est que chaque fois qu'on avait un exemple, il fallait un contre-exemple. Ainsi, si l'on disait : « il faut aimer Rossellini », il était nécessaire d'ajouter : « Mais pas De Sica ». Il s'agissait d'inculquer des idées que l'on pensait être justes et nouvelles. L'homme est ainsi fait qu'à moins d'une maturité extraordinaire, il est impossible d'avancer ses arguments sans nier ceux des autres. On affirmait « Hawks, c'est formidable ! » et on sous-entendait : « John Ford, c'est pas très bien. », alors que Ford c'est génial, magnifique. Et, en plus, on le savait.

Il est certain que l'admiration que nous avions pour Renoir a mis quelques réalisateurs, comme Duvivier, sous l'éteignoir. Même si on peut considérer Duvivier comme un cinéaste extrêmement intéressant, il fut quand même moins riche et plus inégal que Renoir. Il n'est qu'à comparer les mauvais films de Duvivier avec ceux de Renoir. Ceux de Duvivier sont nettement plus médiocres. Ceci étant précisé, Julien Duvivier fut un cinéaste qui possédait une grande maîtrise artisanale. Plus importante que celle de Renoir, mais avec moins d'invention. Sans posséder la force de *La Règle du jeu* ou de *La Bête humaine*, certains films de Duvivier sont d'une extrême sensibilité, et reflètent les préoccupations d'une époque, comme *Pépé le Moko* ou *La Belle Équipe*. Mais, la plupart du temps, il réalisait ses films d'après des commandes précises. Je crois bien que l'une des rares productions qu'il ait montées de sa propre initiative est *Le Temps des assassins*. Il y démontrait sa vision pessimiste du monde, en y ajoutant des moments de folie pure, telle cette scène où Germaine Kerjean fouettait Danièle Delorme avec sauvagerie. Il arrivait ainsi à inclure des personnages monstrueux dans la vie quotidienne. Je pense au rôle de Suzy Prim dans *Au royaume des Cieux*. Une directrice d'école pour délinquants à la fois lesbienne et sadique ! On pourrait dire aujourd'hui que Duvivier « n'avait pas la carte ». C'est-à-dire que la critique ne le ménageait pas. Même *Panique* qui est un film formidable fut mal accueilli par la presse spécialisée.

Oui, nous avons été injustes envers lui. Duvivier s'est parfaitement défini lorsqu'il a écrit : « Le génie c'est un mot, le cinéma c'est un métier. Rien chez moi ne se crée sans effort. » Si aux *Cahiers* on avait une certaine tendance à nier Duvivier, on opposait surtout Renoir à Feyder et à Marcel Carné, que nous n'aimions pas. Nous avions raison. Les films de Carné sont souvent beaux, malgré lui, malgré la façon dont ils sont tournés. *Les Enfants du Paradis*, s'il est un film superbe, est tourné d'une manière dégueulasse, sans grâce. Heureusement, il y avait Jacques Prévert ! *Le jour se lève* est, par contre, un film magnifique, où, bizarrement, Carné a été inspiré. Très supérieur, par la manière dont il a été tourné, à *Quai des Brumes*, c'est évident. Mais quand on voit un film où la forme est obligée de primer sur le fond comme dans *Les Visiteurs du soir*, on se pâme de rire. La forme est ridicule. En résumé *Les Enfants du Paradis* reste sans doute le plus beau film français. Il n'empêche que *Le jour se lève* est le seul film formidable de Carné.

Le défaut que nous avions aux *Cahiers* était de non seulement vouloir prouver positivement, mais également de prouver négativement. On avait pour excuse que dans les années 50 le cinéma français était dans une déconfiture extraordinaire. Il n'y a qu'à regarder quelques films qui passent à la télé pour s'en rendre compte. Par exemple, *La*

*Symphonie pastorale* de Delannoy, qui avait été porté aux nues, est ridicule à plus d'un titre. Manque de distance, de simplicité. Manque de grâce ! Ce film me fait penser à *Fantasia* de Walt Disney où un ballet d'éléphants danse *La Ronde des heures* de Ponchielli. Certes, ce n'est pas une pièce de musique fantastique, mais elle possède une ligne mélodique. Même si les éléphants sont gracieux, ce sont des éléphants. C'est identique pour *La Symphonie pastorale* ! Pourtant tout n'était pas mauvais dans le cinéma de Delannoy. *Macao, l'enfer du jeu*, ses deux Maigret ne sont pas mal ! Bien qu'un peu « éléphant » !

Certaines de nos positions furent honteuses. J'en rougis encore maintenant ! Comment pouvions-nous bouder l'œuvre de John Ford ? Et faire la fine bouche devant les films de Luis Buñuel ? Cette dernière injustice n'était motivée que par l'enthousiasme de *Positif* à l'égard du réalisateur mexicain. Il fallait, aux *Cahiers*, avoir une opinion différente. Pour se différencier, sans doute. Avec le recul, cela s'apparente aux jeux d'enfants. Il nous fallait à tout prix avoir raison.

Comme dans les états-majors des partis politiques, il existait dans *Les Cahiers* différentes tendances et certaines fâcheries. Le papier qui avait mis le feu aux poudres était l'article de François Truffaut « Une certaine tendance du cinéma français ». Il essayait de prouver – et il n'avait pas entièrement tort – que le principe même du cinéma français était un principe faux. Ce qui l'avait foutu en rogne, c'était la tentative d'adaptation du *Journal d'un curé de campagne*. Le principe des équivalences était défendu par Aurenche et Bost qui étaient des gens de talent. Comme ils n'avaient pas confiance dans le metteur en scène, ils essayaient de lui mâcher le travail en ajoutant des équivalences à ce qui était écrit. Alors que c'est le réalisateur qui doit les trouver. Avec *Le Journal d'un curé de campagne*, ça ne pouvait pas marcher. Ça a foiré complètement, à tel point que le film se terminait par une phrase qui est dans l'œuvre de Bernanos « Quand on est mort, tout est mort ». Mais pour Bernanos, cette phrase est un sacrilège. Finir le film ainsi atteignait un degré de trahison. Quoi qu'on pense de la pensée, de la philosophie, de la religion, du catholicisme de Bernanos, on ne peut pas adapter *Le Journal d'un curé de campagne* en lui faisant dire le contraire de ce qu'il veut souligner.

Nombreux sont ceux qui pensent que « la nouvelle vague » a mis fin à la carrière de grands metteurs en scène comme Claude Autant-Lara ou René Clément. Faux ! Autant-Lara a tourné dix-sept films avant « la nouvelle vague » et dix-sept après. Les chiffres sont sensiblement identiques pour René Clément. Peut-être se souvient-on plus de certains des films qui ont marqué leur œuvre comme *Le Blé en herbe* ou *La Traversée de Paris*, *La Bataille du rail* ou *Monsieur Ripois*. Peut-être aussi leurs derniers films étaient-ils moins bons…

## II
## Notes, notules, et notices

Si j'ai pu tourner *Le Beau Serge*, c'est que la veine m'a souri. J'avais épousé une femme riche sans le savoir – Dieu sait que j'en ai profité ! – et lorsque sa grand-mère est morte en laissant un pécule, cela m'a permis de faire mon premier film. Il ne coûtait pas bien cher, deux fois moins qu'une petite production habituelle. Mais, tout de même, trente-cinq millions de francs de l'époque ! Je voulais, au départ, produire d'autres réalisateurs. Par bonheur, Agnès me dit : « Je veux bien produire ce que tu veux mais à condition que ce soit toi qui le fasses. » *Le Beau Serge* étant déjà écrit, j'ai pu le tourner avec l'argent de l'héritage, plus la dot de ma femme. Car j'avais épousé une femme qui avait une dot ! Je crois bien que c'était la dernière ! J'ai donc monté une société. Et comme je suis très famille, je l'ai appelée AJYM.

« A » était le prénom de ma femme Agnès, « J et Y » représentaient les initiales de mon fils aîné Jean-Yves. Enfin le « M » rendait hommage à mon deuxième fils Matthieu.

Pendant l'écriture du *Beau Serge*, Agnès donna naissance à un garçon anormalement grand par rapport à la taille habituelle. L'accouchement fut difficile, et le nouveau-né eut un poumon perforé. Il est mort dix jours après. J'ai alors commis l'une des plus grosses conneries de ma vie. Nous avions appelé le bébé Jean-Yves. Il fut enterré sous ce nom. Le plus vite possible nous avons refait un enfant. Et ma suprême bêtise fut de le prénommer également Jean-Yves. Si bien que mon fils m'a dit un jour : « C'est terrible de voir mon nom gravé sur une tombe. » Ce fut, de ma part, une erreur irréparable.

Il existait en 1957 une prime à la qualité qui consistait à donner du pognon à un film terminé que l'on trouvait bien. C'est ce qui s'est passé avec *Le Beau Serge* qui a bénéficié d'une prime de trente-cinq millions, c'est-à-dire le coût du film. En plus, je l'avais prévendu en Suisse pour cinq millions. Le film était déjà bénéficiaire, et il n'avait toujours pas de distributeur. J'ai alors eu le culot de commencer mon second film *Les Cousins* qui coûtait cinquante-cinq millions. Mais arrivé à la cinquième semaine de tournage, les crédits dont j'avais pu bénéficier étaient au point mort. Il fallait construire un décor, et il n'y avait plus un sou en caisse. Il me restait quatre jours pour trouver une solution : trouver un distributeur pour *Le Beau Serge* ou de l'argent pour *Les Cousins*. À trente-cinq heures du coup de gong, on a pu décrocher les Films Marceau. Ils ont pris les deux films, ont fait une excellente affaire, et moi aussi !

Le tournage du *Beau Serge* se passa très bien, sauf qu'à l'issue de la première semaine, j'avais déjà trois jours de dépassement ! J'étais un pinailleur épouvantable ! Charles Bitsch, mon assistant avec Philippe de Broca, me prévint que si le rythme continuait ainsi, on allait mettre quinze semaines au lieu des huit prévues. J'ai alors changé ma manière de travailler. Je fus moins méticuleux, j'ai rattrapé mon retard et on a terminé le film dans les temps. Sur un plan technique, le seul problème qui se soit posé s'est passé le premier jour. Après qu'on eut déplacé la caméra, Jean Rabier, qui était le cadreur, me demande de voir si tout était conforme à mes souhaits. Je regarde dans le viseur et je ne vois rien. Jean Rabier me tape sur l'épaule et me signale que ce n'était pas là qu'il fallait regarder : « C'est au-dessus, me dit-il, là tu regardes dans un boulon ! » Le premier plan du film était un travelling. J'avais fait installer un rail assez simple. La vision de ces gens qui travaillaient pour réaliser ce que j'avais en tête m'excitait beaucoup. Et comme ce premier travelling s'était bien passé, je décidais d'en faire aussitôt un deuxième. Beaucoup plus compliqué celui-là ! Il descendait tout d'abord pour ensuite monter vers un vieux noyer où Brialy devait se rendre. Et ce qui devait arriver arriva ! Le travelling, sur ce terrain en pente, dérailla et tout le monde se cassa la gueule. Ce qui déclencha un fou rire général auquel je participais, un peu à contrecœur. Je pensais au principe essentiel de Roberto Rossellini : « Quand l'idée passe, tout passe. » Son principe de base. Dans mon premier accroc de metteur en scène, cette pensée me requinqua.

Sinon, tout fut parfait… sauf que le film durait deux heures et demie. Je tournais tous les détails, la cuisine, la fabrication du pain. Même Rivette me prévint : « C'est beaucoup trop long ! Ça ne rentre pas dans les normes commerciales ! » J'ai été obligé de couper. De 2 h 30, je ramenais le film à 1 h 35. La leçon a porté. J'ai compris beaucoup de choses, et surtout à calibrer le film avant le tournage.

Côté interprètes, le couple Gérard Blain-Bernadette Lafont n'affichait pas toujours le calme et la tranquillité. Il faut dire que Bernadette, qui était une coquine, faisait un peu de gringue à Charles Bitsch, vraisemblablement pour aiguiser la jalousie de Gérard. Une bagarre éclata alors, entre Gérard… et Philippe de Broca. Ils ont tous deux roulé dans la cave. Ça gueulait. C'était délicieux.

Le lendemain, on tournait tout à fait normalement. Bernadette Lafont, une grande finaude, est une fille très intelligente. Elle avait une admiration sans bornes pour Sophia Loren. À l'instar de la vedette italienne, elle ondulait un peu, mettait sa très intéressante poitrine en avant, désirant se sentir un joli fruit.

Sardent, où se tournait le film, vivait une révolution. Il fallait loger toute la petite troupe du film. Certains étaient hébergés chez l'habitant. D'autres dans la maison de famille, là où naquit ma mère. L'ambiance, un peu folle, pouvait s'apparenter à celle qui règne habituellement dans les dortoirs d'étudiants. Rires, cris, nouvelles amours, rien ne manquait à ces soirées inoubliables. Même la bagarre filmée pour les besoins du film entre Gérard Blain et Jean-Claude Brialy ne pouvait rompre l'ambiance. Malgré les deux vertèbres cassées dont Brialy souffrait.

Si pendant le tournage, Sardent était en fête, il n'en fut pas de même lorsque le film y fut projeté. Certains habitants furent ulcérés que l'on mette en valeur la prospérité des six bistrots d'un village de 350 habitants. Ce qui est quand même beaucoup ! Il faut comprendre qu'à l'époque la télévision était inexistante et que la chape d'ennui qui s'abattait sur Sardent favorisait l'excès de boissons. Si les choses ont changé aujourd'hui, le film fut diversement accueilli à sa sortie. J'eus même droit à un article du patron du parti communiste Waldeck-Rocher dans *L'Humanité* qui écrivait : « Non, les paysans français ne sont pas comme ça ! » À mourir de rire ! De même la réaction d'une ligue anti-alcoolique à qui l'on avait demandé de me soutenir fut éloquente : « Ah non ! Ce qui nous préoccupe, c'est l'alcoolisme urbain. L'alcoolisme rural, on s'en fout ! »

Avec le recul, je trouve que *Le Beau Serge*, s'il n'est pas d'une adresse folle, n'est pas particulièrement mal foutu. Il a plutôt mieux tenu le coup que *Les Cousins*, lequel a obtenu plus de succès, peut-être à cause de son côté un peu mode. Comme tous les trucs mode, je le trouve un peu démodé. Il n'est pas dit que plus tard, les trucs mode ne deviendront pas une espèce de référence par rapport à une époque. Alors, j'attends…

Il est vrai que *Le Beau Serge* et *Les Cousins* font aujourd'hui partie de notre histoire du cinéma car ils ont aidé cette notion de « nouvelle vague » qui correspondait à l'avènement de la Ve République. Il ne fallait pas être dupe. Si j'avais cru tout ce qu'on me disait, ma tête ne passerait plus à travers les portes. J'étais le nouveau Balzac ! Dans ma grande sagesse, je me disais plus simplement que lorsque le balancier irait dans l'autre sens, ça risquerait de faire mal ! J'étais pour l'heure le premier de la « nouvelle vague », suivi très rapidement par *Les 400 Coups* de François Truffaut. Peu après, François et moi donnions notre aval à Jean-Luc Godard pour *À bout de souffle*, François cosigna le scénario, moi étant conseiller technique et artistique. Cette collaboration entre nous trois avait fortement aidé le producteur – encore balbutiant – Georges de Beauregard à monter le film. La première proposition qui fut faite à Jean-Luc Godard était de tourner *Pêcheur d'Islande*. Mais Jean-Luc préférait – et de loin – cette histoire de Michel Poiccard (incarné par Belmondo) que François et moi avions commencé à écrire. Godard s'en est emparé, et, bien entendu, on l'a laissé faire. Il a, en plus, trouvé l'idée géniale du film. Là où Truffaut et moi balbutiions sur différentes hypothèses, Godard a déniché immédiatement la solution. « La nouvelle vague » devenait réellement une expérience épatante !

Tout un tas de gens s'en sont réclamés. Daniel Boulanger m'a raconté que Pierre Bromberger lui a dit un jour : « Dites-moi Daniel, vous n'avez pas fait l'Idhec, vous avez déjà travaillé sur des scénarios, vous avez été sur un plateau, alors vous allez me faire un film ! » En réalité, « la nouvelle vague » s'efforçait de transgresser les règles de confort qui étaient de mise à l'époque. On utilisait des caméras plus légères, des pellicules ultrarapides, et pratiquement pas de tournage en studio, la règle la plus importante étant le son direct.

Le groupe très uni que nous formions a bien failli exploser lors d'une confrontation entre François Truffaut et Jean-Luc Godard. Leur incompatibilité provenait certainement de leurs très fortes personnalités. Il était de plus en plus difficile de concilier leurs points de vue. Ils se heurtaient à tous propos, s'envoyaient des piques, même plus, des vacheries. Dans ses grandes colères, Godard nous traitait de « Duvivier », comme s'il s'agissait là d'une grave insulte ! Si Truffaut ne pouvait l'accepter, moi ça me faisait marrer ! Comme les engueulades s'enchaînaient jour après jour, Godard suggéra que l'on se retrouve chez lui en Suisse avec Rivette, Truffaut et moi, afin de mettre à plat nos différends. Il confirma ce projet de réunion par une lettre envoyée à chacun de nous. Là, Truffaut explosa ! Il lui expédia un courrier épouvantable de violence. Le fait que nous dussions aller jusqu'en Suisse pour parler à Jean-Luc le mettait dans une réelle colère. Leur brouille a débuté ce jour-là pour ne s'arrêter que lorsque François fut mourant.

Malgré cette fâcherie, tout ce groupe de nouveaux réalisateurs est resté très uni. On s'entraidait beaucoup, et je décidais de monter une société de production afin d'aider quelques amis. Je produisis ainsi *Les Jeux de l'amour* et *Le Farceur* avec Philippe de Broca, *Le Signe du lion* d'Éric Rohmer, et avec François Truffaut *Paris nous appartient* de Jacques

Rivette. Malheureusement le type que j'avais chargé de la trésorerie est parti avec la caisse, et ce fut la fin de ma période producteur. Ce qui n'était aucunement un drame pour moi, n'ayant jamais pris un plaisir extrême à déjeuner avec des banquiers.

Pendant le tournage des *Cousins*, Gérard Blain m'a présenté Stéphane Audran avec laquelle j'ai sympathisé. Cette rencontre a coïncidé avec différentes maladies de ma femme, problèmes nerveux et de santé mentale. Sans oublier que j'avais fait le gigolo pendant quatre ans, j'étais désormais beaucoup moins disponible qu'avant pour elle. Enfin nous avions deux gosses. Malgré cela j'avoue qu'un beau jour j'ai cédé à Stéphane que je trouvais plutôt bien, et avec laquelle il existait un certain plaisir d'être ensemble. Je me suis donc trouvé devant un choix. Soit continuer à faire ce que je voulais, soit divorcer. J'ai préféré divorcer. Les gens qui n'aiment pas mes films diront que j'ai eu tort. Les autres diront que j'ai eu raison.

Sur un plan de calcul mental, j'ai été marié pour la première fois sept ans, la deuxième fois quatorze, la troisième fois vingt-huit... jusqu'à maintenant. Donc, le compte avec Stéphane fut quatorze ans et quatorze films, auxquels il faut ajouter ceux que j'ai tournés avec elle après notre séparation. Car nous

nous sommes quittés très bons amis. Je dirais que notre rapport de couple devenait comme une association de malfaiteurs. Elle, actrice, allait tourner dans un coin, de mon côté je travaillais ailleurs. Bon, on n'est pas des enfants de chœur ! On reste chaste, ou pas ! Tout ça n'a pas une importance considérable !

Avec le recul, je reconnais que travailler avec une comédienne qui, par ailleurs, est mon épouse, ne facilitait pas la tâche. Si quelquefois je pouvais obtenir certaines intonations particulières ou mouvements originaux, la plupart du temps mes remarques n'étaient pas prises dans une joyeuse bonne humeur. Elle prenait de temps à autre des inflexions de voix proches de celles de sa copine Delphine Seyrig. Je restais surpris d'abord, épaté rarement, en colère souvent. Je m'écriais : « Qu'est-ce que ce bruit qui sort de ta bouche ? » Elle en était vexée, et puis les choses s'arrangeaient parce que nous avons toujours eu l'un pour l'autre des sentiments qui dépassaient ces querelles de tournage.

J'ai continué à travailler avec Stéphane bien après notre séparation. Et je dois dire que nos rapports sur le plateau étaient plus souples, plus cordiaux. Une remarque de l'un ne faisait pas sursauter l'autre. « Tu es beaucoup plus mignon maintenant », m'a-t-elle dit un jour dans un grand sourire. Je me comportais avec elle comme avec les autres comédiens. J'étais devenu un mec sympa !

Nous avons tourné ensemble vingt-deux films ! Un record ! Je l'ai trouvée formidable dans certains rôles, dans *Le Boucher*, *Les Noces rouges* et dans *Violette Nozière* où elle interprétait la mère d'Isabelle Huppert avec une vérité de tous les instants, même dans sa manière de marcher.

Ne produisant plus de films, j'ai continué à en faire avec l'argent des autres. Je me suis senti beaucoup plus à l'aise dans cette nouvelle situation. Non pas qu'il s'agisse de ficher l'argent en l'air sous prétexte que c'est celui des autres, mais quand on trouve un producteur avec lequel on s'entend bien sans avoir les emmerdements financiers, on ne s'en porte que mieux. Si le film marche, ça rapporte moins si c'est un autre qui le produit. S'il ne marche pas, ça rapporte plus.

Mes premiers producteurs extérieurs furent les frères Robert et Raymond Hakim, avec lesquels j'ai tourné *À double tour* et *Les Bonnes Femmes*. La négociation ne s'était pas faite en cinq minutes. Avec Paul Gégauff, on voyait trois producteurs par jour. C'est d'ailleurs Paul qui les a vus le premier. Il m'a dit : « Ce sont les mieux. Ils possèdent la moquette la plus épaisse ! » Je suis allé les voir. Alors que tous les autres producteurs discutaient à propos de la couleur – tourner en couleur n'était pas évident en 59 – ou des flash-backs sur lesquels se construisait l'action dramatique de *À double tour*, les frères Hakim ont immédiatement donné leur accord. Nous avons donc signé pour deux films.

Je désirais encore engager Jean-Claude Brialy pour *À double tour*. Il avait été dans mes deux premiers films. Alors, pourquoi pas la passe de trois ?

Jean-Claude est un homme qui adore parler. Il est le seul qui réussit à avoir une réalité avec des histoires qu'il a inventées et a intégrées dans sa propre vie. C'est un personnage fascinant, fidèle en amitié et d'une gentillesse profonde. En même temps, il n'est pas adepte de l'eau tiède. Il est capable de renvoyer quelques répliques bien vachardes. Son amour des enterrements me paraît inexplicable. Mais lorsqu'il est sérieux, il a une tête d'homme qui est chagriné dans la dignité. Et il joue ce rôle très bien.

En fait, pour *À double tour* il ne correspondait absolument pas au personnage. Dans *Le Beau Serge* j'avais été un peu gêné. J'imaginais un acteur moins à l'aise. Dans *Les Cousins*, dont le scénario existait avant celui du *Beau Serge*, il était épatant. Pour *À double tour*, je voulais lui donner un aspect légèrement homosexuel pour rajouter à l'ambiguïté des personnages.

J'ai été aidé par le sort, car Jean-Claude étant souffrant, j'ai dû chercher un autre comédien. C'est alors que Jean-Luc Godard me parla d'un acteur « vachement bien » qu'il venait de faire tourner dans son court métrage *Charlotte et son Jules*. C'était Jean-Paul Belmondo. Précisons que *À bout de souffle* n'était pas encore tourné. La décision ne fut pas simple à prendre, car dans le court métrage de Jean-Luc Godard, Belmondo – qui faisait son service militaire – était doublé par la voix... de Godard ! Malgré ce point d'interrogation, je l'engageai. Tout se passa bien, sauf que je trouvais Belmondo un peu froid vis-à-vis de moi. Je l'interrogeai, et sa réponse fut : « Les Hakim m'ont raconté qu'ils avaient dû insister pour que tu m'engages. Il paraît que tu ne voulais pas de moi. » Je rétorquais qu'« ils ne manquaient pas de culot » et lui relatai comment les choses s'étaient passées. « Les salauds, s'écria-t-il alors, ils m'ont couillonné parce que j'ai baissé mon prix pour faire le film ! »

Après ce malentendu, nous sommes devenus de grands amis. À telle enseigne que beaucoup plus tard, il décida de coproduire *Docteur Popaul* avec André Génovès. René Chateau était associé avec Jean-Paul dans la société qu'ils venaient de fonder. Je connaissais très bien René Chateau. Nous avions fait ensemble un stage dans un commissariat après avoir foutu le bordel lors d'une *Kermesse aux*

*Étoiles*. Il avait été également le président du club Gérard Blain. Sans rire ! Les choses se prolongèrent d'ailleurs, puis Chateau vécut ensuite avec l'ancienne femme de Gérard Blain.

Pour en revenir à Belmondo, j'ai très rapidement pensé qu'il ferait une grande carrière. Certains faits ne trompent pas ! Lors de la présentation du film à Venise, une journaliste américaine le décrivit comme une bombe sexuelle, ajoutant qu'il était l'acteur le plus sexy jamais vu sur un écran. Il faut dire qu'on voyait son cul dans une scène d'un film… ça aide !

Il a su mener sa carrière avec beaucoup d'intelligence, alternant les films de distraction et les œuvres apparemment plus difficiles.

Après *Les Cousins* qui avait obtenu l'Ours d'Or à Berlin, *À double tour* décrochait à Venise le prix d'interprétation pour Madeleine Robinson. Tout allait donc pour le mieux… jusqu'à la sortie des *Bonnes Femmes*. Le tollé général ! Le scandale ! Les frères Hakim furent loin de se rendre compte que le film était très culotté pour l'époque. Pour le vendre, ils avaient fait des publicités dans la presse avec les photos de Bernadette Lafont, Clotilde Joano, Albert Dinan et Jean-Louis Maury sur lesquelles était placardé un extrait du dialogue « à nos coquettes petites Parisiennes ». Alors que dans le film on entendait : « à nos quéquettes petites parisiennes », ce qui n'était quand même pas la même chose. Ce décalage fut très important, car le public pensait assister à une comédie légère. Tout au contraire ils voyaient des gens qui tournaient autour de la place de la Bastille sur la musique totalement sinistre du générique. Dès le départ du film, c'était apocalyptique. « Mon Dieu, sur quoi on est tombé » murmuraient les spectateurs. D'autant que deux jours avant *Les Bonnes Femmes*, Claude Autant-Lara avait sorti *Les Régates de San Francisco* où il était souvent question de petites culottes. Un débat eut lieu à l'Assemblée nationale pour réclamer l'interdiction aux moins de dix-huit ans, ce qui fut voté.

La première des *Bonnes Femmes* fut incroyable, certaines répliques étant accueillies par toutes sortes de noms d'oiseaux. Ainsi la scène où Maury et Dinan sautaient sur Bernadette Lafont, laquelle s'écriait « Non, je ne peux pas en ce moment », avait soulevé la salle d'indignation. En ces temps-là, il ne pouvait être question d'évoquer les règles ! Une autre scène qui fit scandale était celle où Madame Louise montrait son objet fétiche, et c'était un mouchoir taché du sang d'un tueur de femmes ! Là aussi, les gens cassaient les fauteuils ! Les frères Hakim se sont effrayés de tout cela, ont exigé des coupes. J'ai accepté d'en faire quelques-unes. Pour les ventes à l'étranger, ils proposaient de réaliser des montages à la carte : « Quelles séquence préférez-vous ? Que désirez-vous que nous coupions ? » C'était hallucinant !

Le film suivant fut *Les Godelureaux* d'après le roman d'Éric Ollivier. Encore une aventure, produite cette fois par Yvon Guezel qui, pour son premier film, s'était fait rouler dans la farine par tous ses collaborateurs. Dans la grande tirade du *Mariage de Figaro,* Beaumarchais a écrit : « Il fallait un calculateur, ce fut un danseur qui l'obtint ». Ce fut exactement le cas. Comme directeur de production, il avait engagé un ancien danseur de l'Opéra. Je jure que c'est vrai. Par sa faute, on a dépassé nos délais de six semaines. Nous avions des groupes électriques loués à un forain qui explosaient à tous moments. Dans l'unique but de gagner trois francs six sous. C'était insensé ! Nous sommes montés à Auron un mois plus tard que prévu, et la neige s'est mise à tomber. Jusqu'au jour où il n'y eut plus d'argent dans les caisses. Le matériel électrique disparaissait jour après jour. Le directeur de la photo Jean Rabier disait : « C'est comme faire *La Symphonie des Adieux* lorsque les musiciens s'en vont… » Bref, le film a été un désastre !

*Les Godelureaux* était une douce provocation, pas méchante pour un sou. Un film futile sur la futilité. Le public n'a pas compris grand-chose à l'histoire de ce personnage voulant se venger de quelqu'un qui lui avait mis sa voiture sur le trottoir. La vengeance se présentait sous les traits de Bernadette Lafont. Lorsque l'on croyait que le film était terminé, il se situait brusquement un an plus tard, date à laquelle Bernadette était devenue l'épouse d'un capitaine de la marine américaine. Les gens n'ont rien saisi. Une scène était symbolique de cette incompréhension. Bernadette cachait une bouteille de cognac et s'écriait aussitôt : « J'ai soif, j'aimerais bien un cognac. » Pendant six minutes, tout le monde cherchait dans les recoins de l'appartement, montait, redescendait, fouillait dans les bouquins. Alors que le public savait parfaitement qu'on ne retrouverait pas ladite bouteille. J'avais piqué cette scène dans une comédie de Labiche, *Le plus heureux des trois,* où tout le deuxième acte est la recherche d'un morceau de toiture qu'un type a caché et fait semblant de chercher. Là, ce fut du même ordre. Une catastrophe, quoi ! La censure vint ajouter au désastre ! Interdit aux moins de dix-huit ans ! Comme pour *Les Bonnes Femmes.* Je commençais à m'y habituer, *Les Cousins* avait déjà été interdit aux moins de seize ans, et *À double tour* aux moins de douze ans !

Après *Les Godelureaux*, j'étais un peu tricard. Deux bides de suite, ça favorisait l'ironie ! Le reflux de « la nouvelle vague » ! « Ah ! les petits salauds ! Ils ont voulu le pouvoir, tiens ! » Et on nous enfonçait la tête sous l'eau avec délectation ! Par bonheur, Georges de Beauregard veillait. Ce producteur était aussi fou que nous. La preuve : il avait adoré *Les Godelureaux* ! Comme son coproducteur était allemand, il me suggéra de trouver une histoire dont l'action se passe un peu en Germanie. J'avais alors concocté un scénario assez sinistre que j'ai appelé *L'Œil du Malin*. Très rapidement le tournage commença dans une très belle maison au bord du lac de Steinberg. On était vraiment bien, jusqu'au jour où le coproducteur allemand fut jeté en prison, car il n'avait pas payé la maison louée pour les besoins du film. La coproduction s'effondra. Cinquante pour cent du budget disparaissant d'un seul coup, Georges de Beauregard me proposa alors de le tourner pour la moitié du devis. Je lui répondis que j'allais essayer de faire quelque chose qui ressemble à un film. J'ai alors eu l'idée d'un narrateur qui racontait tout ce que je ne pouvais pas filmer. À l'arrivée *L'Œil du Malin* durait 1 h 17 minutes.

Aussitôt après, j'ai retrouvé un type adorable, Jacques-Bernard Lévy. Le portrait de Louis XVI !

Son épouse était tombée amoureuse d'un scénario que j'avais fait. *Ophélia* était une espèce de transposition poético-moderne de *Hamlet*. Le budget se montait à environ cent dix millions d'anciens francs. Jacques-Bernard Lévy dont les affaires prospéraient n'y vit aucun inconvénient et me demanda, pour les besoins de la distribution, d'engager une actrice italienne. Quelques jours plus tard j'eus l'accord de la magnifique Alida Valli, et, à ses côtés, André Jocelyn qui avait déjà tourné dans *Les Cousins*, *À double tour* et *Les Godelureaux*, film où il faisait le petit ami de Brialy. Il avait en lui quelque chose d'assez étrange, très efféminé. Pour moi Hamlet est un personnage efféminé. Donc Jocelyn collait idéalement au rôle. Tout était parfait... sauf que le public refusa d'accepter mon point de vue. Ce fut le bide du siècle ! *Les Bonnes Femmes* avait dû faire 80 000 entrées en exclusivité, *Les Godelureaux* 40 000, *L'Œil du Malin* 15 000 et *Ophélia* moins de 5 000 !

Une fois de plus, la chance m'a souri. Georges de Beauregard me parla de Françoise Sagan qui avait adoré *Les Bonnes Femmes*, et l'avait écrit dans *L'Express* d'une manière fort savoureuse. Nous nous sommes rencontrés avec Françoise et l'idée naquit de faire un film sur George Sand. On commença à travailler, et peu à peu, l'ennui nous gagna. On n'en avait rien à faire de George Sand, on s'enquiquinait !

La seule chose qui nous amusait chez elle était de la ridiculiser légèrement. Son accoutrement, ses cigares... Bernard Frank, qui est un garçon sérieux, venait nous encourager de temps en temps. Il nous disait que cette femme était épatante, étonnante. Bien que tout cela soit vrai, nous continuions Françoise Sagan et moi à rigoler. Bref, on trouvait le personnage rasoir. Jusqu'au jour où l'un d'entre nous décréta que si Landru l'avait rencontrée, il l'aurait plongée dans la cuisinière ! Et nous nous sommes amusés comme des fous en évoquant le personnage. Ce fut le bonheur. On en a donc parlé avec notre producteur Georges de Beauregard. « Nous avons décidé de remplacer George Sand par Landru. » Il est devenu blême ! Par chance, Carlo Ponti qui était associé dans cette affaire fut ravi de cette idée dont la perspective l'enchantait.

On parla donc de Landru. Le sujet nous distrayait, on rigolait comme des bossus ! Après une nouvelle entrevue avec Georges de Beauregard et Carlo Ponti, la décision fut prise.

Voilà comment ma période de quatre bides prit fin.

Il me restait à trouver un acteur crédible pour incarner Landru. J'avais vu quelques jours auparavant un comédien pratiquement inconnu. Charles Denner jouait dans *Arturo Ui* au TNP le rôle de Goering avec une énorme perruque rousse. Il était formidable. Je suis allé le voir en coulisses et j'ai découvert un type brun et sec. Le courant passa entre nous et je décidais de l'imposer pour *Landru*. Ce n'était pas simple. Personne ne le connaissait et il devait tenir le film avec sa gueule et son talent. J'ai d'abord éliminé certains acteurs qui désiraient le rôle. Ainsi, Pierre Brasseur que j'admirais sincèrement, à qui j'ai dû expliquer qu'il me fallait un inconnu. Nous sommes par la suite devenus très copains car c'était, parait-il, la première fois qu'on lui répondait poliment.

Pour imposer Charles Denner, j'ai également fait des essais avec six comédiens qui étaient les plus improbables Landru possibles. Dans cette sélection, Denner fut vingt fois supérieur aux autres. C'était un acteur magnifique que j'ai pu encore utiliser dans *Marie-Chantal contre Dr Kha* où il faisait un faux Américain.

Contrairement à ce que l'on pourrait penser, *Landru* n'est pas un film de studio. C'est même le contraire. Nous n'avons jamais tourné dans un décor, mais sur des toiles. Lorsque Landru prenait son billet à la gare, c'était une toile, derrière laquelle se trouvait la vendeuse assise à son guichet. Une vitre reflétait un train qui partait. Il s'agissait en fait d'un petit train en bois qu'on poussait à la main. C'était une forme de stylisation, du même genre, toutes proportions gardées, que celle que Renoir avait utilisée pour *French-Cancan*.

*Landru* fut un succès relatif, mais venant après mes précédents échecs, il me redonnait une confiance... que je n'avais d'ailleurs jamais perdue ! C'est à ce moment-là que Roger Hanin s'est pris d'amitié pour moi pour des raisons mystérieuses. Il désirait d'abord monter *Macbeth* de Shakespeare au Théâtre de Versailles dans une adaptation de Thierry Maulnier. J'assurais la mise en scène du spectacle. Une expérience qui ne m'a pas emballé et que je n'ai renouvelée qu'une seule fois. Bref, Stéphane Audran jouait Lady Macbeth, et je me suis toujours étonné qu'elle n'ait pas été plus présente au théâtre. Je l'avais vue dans une pièce qui s'appelait *La Tour carrée* où elle tenait le rôle principal. Elle y était très bien, mais malheureusement la pièce côtoyait le niveau zéro. Senep nous avait fait bien rigoler avec un dessin : « La tour carrée ne fera pas un rond », ce qui s'était avéré exact. Face à Stéphane, Roger Hanin incarnait Macbeth. Il avait tendance à forcer sa voix, et dès qu'il atteignait le trône on entendait son texte avec difficulté. Il ne pouvait plus parler ! En vérité, ça dépendait des jours. Certaines fois ça allait, d'autres pas ! Très sérieusement, j'ai toujours eu tendance à roupiller au théâtre. Je crois bien qu'il s'agissait d'un effet de lumières. Les feux de la rampe se reflétaient dans mes lunettes (je n'en porte plus maintenant), et ce phénomène m'endormait. J'ai toujours cru que cette explication était la bonne ! Mais je n'en crois pas un mot !

Ma deuxième, et dernière, mise en scène théâtrale remonte aux années 80. Michel Bouquet voulait monter *La Danse de mort* de Strindberg. On ne refuse pas à Michel parce que c'est un homme exceptionnel. J'ai alors vu différentes adaptations de la pièce, et je me suis aperçu que la lourdeur du texte était à la limite du risible. J'ai par chance trouvé une traduction anglaise à partir de laquelle j'ai refait l'adaptation qui, franchement, me paraît bien meilleure que les précédentes. Michel Bouquet, suivant ses bonnes habitudes, avait déjà appris son rôle, et comme il appréciait mon travail il réapprit le nouveau texte. La pièce s'est montée au Théâtre de l'Atelier, et, pour la première fois en France, Strindberg dépassa deux cents représentations d'affilée. Grâce à l'interprétation superbe de Michel.

Je trouve qu'une bonne mise en scène de théâtre est celle qu'on ne voit pas. Le travail n'est utile que sur le rythme. Finalement les conventions du théâtre sont telles qu'elles ne sont pas compensées par la présence physique des acteurs.

Après avoir « monté » *Macbeth*, le projet de Roger Hanin était d'adapter au cinéma le fameux personnage du « Gorille » dont l'auteur, Dominique Ponchardier, venait d'être nommé ambassadeur de France en Colombie. Nous avons créé un « Tigre », sorte de sous-Gorille, dont l'histoire écrite par Roger Hanin, sous le pseudonyme d'Antoine Flachot, comportait une dizaine de pages, développées ensuite par Jean Halain. Ainsi naquirent *Le Tigre aime la chair fraîche* et *Le Tigre se parfume à la dynamite.* Arriva alors une période où je ne m'arrêtais pas de tourner. Entre les deux *Tigre*, Georges de Beauregard m'apprit qu'il avait acquis les droits de *Marie-Chantal* à Jacques Chazot, un copain de Françoise Sagan. France Roche se mit alors au travail, et concocta un scénario assez marrant qui se passait en Afrique. Ce qui compliquait les choses. Ce projet passa ensuite dans les mains d'un des patrons de l'Agence France-Presse, Christian Yve. Lequel écrivit une trentaine de pages que j'ai retravaillées, et auxquelles Daniel Boulanger a rajouté quelques trouvailles de son meilleur cru. Le résultat donna un film que j'adore, *Marie-Chantal contre Dr Kha*, une vraie parodie de films d'espionnage où le chef des anarchistes et le patron de la police sont une seule et même personne.

En 1966, je tournais deux films avec Maurice Ronet, *La Ligne de démarcation* et *Le Scandale.* Au départ *Le Scandale* venait d'une idée d'un producteur, Raymond Eger, un type un peu bizarre, mais pas désagréable. Son projet était de faire un polar qui se passerait dans un camp de nudistes. Je n'ai pas pu m'empêcher de lui dire : « C'est parfait ! Comme ça, on se demandera où est passée l'arme du crime ! » Bref, on changea tout. Plus de nudistes, plus rien du scénario initial ! À ce moment Eger s'associa avec Universal et m'annonça qu'il fallait tourner le film en double version, française et anglaise. L'affaire s'éternisa. Entre-temps Georges de Beauregard me dit avoir fait écrire un scénario par le colonel Rémy, *La Ligne de démarcation,* que devait tourner Anthony Mann. Celui-ci, devant déclarer forfait, lui conseilla de s'adresser à moi. Très flatté, je rencontrai Beauregard, Anthony Mann et le colonel Rémy, et nous décidâmes de le faire tout de suite. J'avais déjà pressenti Maurice Ronet pour *Le Scandale.* Je lui proposais de jouer le comte de Damville. Il s'agissait d'une entreprise assez marrante, délibérément académique. C'était un film fait sur le principe de la Résistance, avec un « R » majuscule, ainsi que sur certains fantasmes. Le succès du film a remis un peu de beurre dans mes finances, qui d'ailleurs, depuis les *Tigre*, se portaient plutôt bien. Les gens saluaient mon talent, ce qui me flattait un tantinet, parce que, pour trouver du talent dans le *Tigre*, il fallait se lever tôt !

Travailler avec Maurice Ronet était un réel bonheur. Paul Gégauff avait une définition assez belle : « Les amis, ce sont les gens dont on aime les défauts. » Bien sûr, j'aimais les qualités de Maurice, et j'adorais le charme extraordinaire qui se dégageait de lui. J'aimais son côté vieux poivrot. Cet homme était incapable d'un acte mauvais… même quand il était saoul. Un jour, après la fin du tournage du *Scandale*, je l'invitais à venir au studio pour assister à la première projection. Il vint, commença à regarder, et s'endormit. Lorsqu'il se réveilla, il vit Sheila sur l'écran. Il ne comprit pas ce qui lui arrivait. Personne n'ayant voulu le réveiller, les projectionnistes avaient enchaîné avec le film suivant.

Entre Maurice Ronet et moi, une vraie amitié était née. Bien que nous n'ayons pas passé notre vie ensemble, il reste vivant dans ma mémoire. Aujourd'hui encore, je pense souvent à lui. Il buvait beaucoup, énormément. Mais il n'était jamais agressif, comme le sont souvent les alcooliques. Maurice avait l'alcoolisme distingué. Sa dignité naturelle prenait le dessus. Il conservait une rare élégance en toutes circonstances. Son complice préféré était l'écrivain Henri-François Rey. Lorsqu'ils partaient en virée, on côtoyait l'hallucination. Tout alors devenait possible. L'improbable était rejeté. À eux deux, ils atteignaient les sommets d'une improvisation folle, et quelquefois géniale. Henri-François Rey en a donné un aperçu dans son roman *Le Rachdingue*. Personnellement, ils m'ont toujours fait penser à Tarzan et Cheeta ! Maurice se distribuant le rôle de Tarzan !

C'est lorsque les amis disparaissent que l'on s'aperçoit de la place qu'ils tenaient dans notre cœur. Avec les acteurs le problème est légèrement différent. Le seul fait de les revoir à l'écran leur redonne vie.

Toujours avec Maurice Ronet, j'entamais mon troisième film d'affilée. On ne se quittait plus. *La Route de Corinthe* est arrivé par le biais de Daniel Boulanger qui me dit : « Il y a un jeune producteur, André Génovès, qui n'est pas mal. Il est dynamique et a un projet à la con. » C'était un scénario tiré d'un roman de Claude Rank paru au Fleuve noir. Le bouquin était d'une imbécillité totale, le scénario, arrangé par Daniel Boulanger et Claude Brûlé, un peu meilleur. Je m'entendais bien avec Génovès que je trouvais agréable, et même assez rigolo, et nous décidâmes de tourner en Grèce. Là-dessus intervint le putsch des Colonels. Mon pote Pierre Gauchet, qui était assistant, se rendit alors en Grèce, vit les gens du gouvernement. Ceux-ci assurèrent Pierre que nous serions les bienvenus, que nous pourrions tourner comme nous le désirions et que si quelqu'un nous faisait des ennuis il aurait affaire à eux. Le fond du sujet était de mystérieuses petites boîtes noires que des espions laissaient sur les pylônes du Canal de Corinthe. Or, il n'y avait pas l'ombre d'un pylône. Je les remplaçais alors par des antiquités et des statues dont les têtes contenaient les fameuses boîtes noires. On a fini par construire un scénario qui ne tenait pas tout à fait la route, mais presque. En plus de Ronet, j'ai embarqué dans cette aventure Michel Bouquet qui avait déjà accepté de faire l'ignoble Vermorel dans le deuxième *Tigre*. Au milieu du tournage, mon agent me demanda de tout arrêter, car Génovès avait des difficultés financières. Je refusai tout net. Génovès m'en sut gré, et nous avons continué à travailler ensemble. Treize films, pas un de moins !

Nous arrivons en l'an 1968. Avec quatre copains, nous mettons sur pied un projet de réforme du cinéma. En deux mots, une légère augmentation des impôts aurait permis à chacun d'aller gratuitement au cinéma autant de fois qu'il le voulait. Économiquement, le projet tenait parfaitement debout. Mais pour le réaliser, il fallait d'abord faire la révolution. Or, elle n'eut pas lieu !

Le travail avec Génovès continua dans la bonne humeur. J'enchaînais avec *Les Biches* et *La Femme infidèle*. J'avais l'idée d'un type qui fait suivre sa femme, apprend qu'il est cocu et la reconquiert après avoir tué l'amant. J'ai immédiatement pensé à Michel Bouquet pour le rôle du mari, mais Génovès avait une autre idée qui lui trottait dans la tête. Il pensait à Jacques Brel qui venait de tourner *Les Risques du métier* d'André Cayatte. J'ai donc envoyé le scénario à Jacques et je suis allé le voir. Je le trouvai charmant et intéressé par le projet. Lorsqu'il ajouta : « J'aime en particulier les rapports avec son fils. », je compris qu'il se trompait de scénario. J'ai alors conseillé à Génovès de conserver Michel Bouquet qui avait parfaitement pigé son personnage. C'est un comédien exceptionnel que j'avais vu de nombreuses années auparavant dans *L'Alouette* de Jean Anouilh. Si l'auteur n'est pas exactement ma tasse de thé, j'avais été frappé par le jeu de Michel et de Suzanne Flon. J'étais subjugué par la qualité unique de ces deux interprètes. Depuis ce temps-là j'ai eu envie de travailler avec eux. Cette envie a été rapidement exaucée en ce qui concerne Michel Bouquet auquel me lie une amitié indéfectible. Avec Suzanne, j'ai dû attendre *La Fleur du mal* pour que ce désir se réalise enfin.

Avec *La Femme infidèle*, on s'est aperçu que lorsque j'étais assez libre, je pouvais tourner des sujets intéressants. Ce fut alors comme une sorte de confirmation, une redécouverte. C'était reparti comme au moment de mes premiers films. Inutile de préciser que je ne me suis plus laissé griser et que j'étais sur mes gardes. Coup sur coup, j'ai réalisé

*Que la bête meure* et *Le Boucher*, tournés dans la même année 1969.

*Que la bête meure* était une adaptation d'un bouquin de Nicholas Blake qui me trottait dans la tête depuis longtemps, tandis que *Le Boucher* fut, à la limite, une commande des acteurs. Stéphane Audran m'avait fait part de son envie de tourner avec Jean Yanne. J'avais été ravi des rapports avec lui pendant le tournage de *Que la bête meure*. Et comme je réfléchissais d'un côté à l'histoire d'une institutrice, et de l'autre à celle d'un tueur en série, il me restait à combiner les deux. C'est-à-dire passer de la civilisation à la sauvagerie.

Jean Yanne était un homme formidable. Je l'ai connu lorsque je faisais l'acteur dans *Jean de la Lune* de Marcel Achard. C'était un film de télévision produit par son pote Gérard Sire. Je me trouvais épouvantablement mauvais. Et Jean se fichait de moi, sans l'ombre d'une retenue. Ayant conscience de la médiocrité de mon interprétation, je n'en ai pris aucun ombrage. Bien au contraire, ses remarques m'amusaient. Notre amitié prit vraiment forme lorsqu'il tourna dans mes films.

Jean ne se sentait pas capable d'interpréter toutes sortes de personnages. Il lui a fallu un certain temps pour qu'il prenne conscience que son talent lui permettait d'aborder les rôles les plus divers. Avec la même aisance, la même vérité. Lorsque je lui ai proposé de jouer *Le Boucher*, sa première réaction fut : « Il va falloir que j'apprenne à couper les escalopes ! » Sa remarque était d'une grande justesse. Il est vrai qu'un type qui joue un boucher doit savoir couper les escalopes ! Et c'est ce qu'il a fait ! Il a appris ! Finalement, Jean n'appréciait pas tellement ce qui lui paraissait trop facile. Il le méprisait un peu. Il préférait se heurter à certaines difficultés, mais, chose curieuse, au bout d'un moment ces difficultés l'ennuyaient et il se décourageait. Cette contradiction m'a toujours étonné. Par pudeur, je ne m'en suis jamais expliqué avec lui.

À propos de *Que la bête meure* et du *Boucher,* on m'a sans cesse parlé de mon besoin de mettre en scène la province et la bourgeoisie. Or, il se trouve que *Que la bête meure* ne se déroule pas particulièrement dans un milieu bourgeois, ni *Le Boucher* non plus. À moins que l'on considère qu'un garagiste et un boucher soient des prototypes de la bourgeoisie. Donc, la province je veux bien. La bourgeoisie, je n'en suis pas complètement sûr. Tout cela vient du fait que, si on veut étudier les forces qui font marcher une société, je ne crois pas qu'il faille se pencher sur les classes les plus défavorisées. Je crois, au contraire, qu'il faut étudier les gens qui tirent les ficelles. C'est beaucoup plus intéressant. Si je voulais faire un film sur les SDF, je ne montrerais pas des SDF mais des milliardaires. C'est ma façon de voir. Ce n'est pas parce qu'il y a des SDF que les milliardaires existent. C'est l'inverse. Il est bon d'aller à l'origine des choses. L'origine des choses, ce ne sont pas les SDF. Ce qu'il est important de montrer, c'est l'égoïsme monstrueux de ceux qui n'empêchent pas la misère de foisonner. Le problème est identique en ce qui concerne la violence. En voulant la dénoncer, on contribue la plupart du temps à en déclencher une autre. Par exemple *Tueurs nés* d'Oliver Stone ne décourage personne de tuer. Quand on veut dénoncer la violence, on ne fait pas de ralentis avec les morts, on ne doit pas transformer le crime en ballet. Ce n'est pas une bonne manière de dénonciation. La meilleure manière est la sécheresse pure. Comme a su le faire Fritz Lang dont les bagarres correspondent à une vraie violence, une réelle folie qui, elle, est atterrante.

Après *Le Boucher*, je suis resté fidèle à Michel Bouquet, auquel je me sentais attaché. Il fut dans la distribution de *La Rupture* et de *Juste avant la nuit*. *La Rupture* est un de mes films préférés, bien que la censure, une fois encore, me soit tombée dessus. À cause d'un plan où Catherine Rouvel passait la main sous la jupe d'une petite fille. J'ai donc coupé l'image de la main. Le résultat, à mon avis, était encore pire, parce qu'on se demandait ce qui se passait exactement. Et lorsqu'on laisse la place à l'imagination, tout devient possible.

Je devais enchaîner avec *La Décade prodigieuse*. Malheureusement Orson Welles est tombé malade, et comme je n'avais pas envie de le remplacer, nous nous sommes mis d'accord avec André Génovès pour retarder *La Décade* et tourner de suite *Juste avant la nuit*. En écrivant le scénario, je me suis aperçu que c'était une espèce de gant renversé de *La Femme infidèle*. L'histoire d'un homme qui trompe sa femme, assassine sa maîtresse et veut confesser son crime à son épouse. Le film n'a pas obtenu un grand succès. Il faut dire qu'il était distribué bizarrement par Columbia. Je crois bien que c'est le seul film dans l'histoire du cinéma où les affiches sont apparues quinze jours après la sortie ! Ce fut tout de même une bonne affaire sur un plan financier, car le devis fait à Columbia était largement supérieur à la réalité !

Toujours est-il que le pognon qu'on avait gagné nous permettait de tourner *La Décade prodigieuse* où je désirais avoir Orson Welles et Catherine Deneuve. Celle-ci ne pouvait se rendre libre aux mêmes dates que Welles, et je la remplaçais par Marlène Jobert, ce qui a un peu faussé les choses. Ce ne fut pas la seule erreur. J'ai dû faire des concessions que je croyais sans importance et qui s'avérèrent capitales. Ainsi le personnage de Welles s'était fabriqué un univers qui datait de 1925. Il fallait donc recréer un climat de l'époque. On avait trouvé une maison qui convenait parfaitement. Mais elle était en Inde ! On en a donc choisi une en Alsace. On l'a meublée comme on a pu, mais il était impossible de donner le style désiré parce que ça ne pouvait convenir avec l'architecture de la maison. Bref, de concession en concession, toute la magie du film a disparu. Il fut raté du départ à l'arrivée.

J'ai conservé un petit mot qu'Orson Welles m'avait envoyé à la fin du tournage. Il m'assurait avoir parfaitement compris ce que je voulais faire, bien que je n'aie pas eu les moyens de réaliser le film selon mes vœux.

Mes rapports avec Welles furent excellents. Il fut charmant, sauf un seul jour. Il avait envoyé sa femme chercher une maison à Paris, et se trouvait donc seul en Alsace. Il s'était saoulé la gueule et était arrivé sur le tournage complètement bourré. Le lendemain, la cuite était finie. Il avait repris son aspect normal. C'est-à-dire délicieux. Nous allions souvent manger dans un restaurant, Le Beau Site, dont l'une des spécialités était la double entrecôte, pour deux personnes. Orson prenait une double double entrecôte. En fait, il en bouffait quatre ! Nous avons beaucoup ri ensemble. Orson possédait deux rires. L'un officiel, tonitruant. L'autre, le vrai, était un petit rire charmant.

Je devais un jour présenter *La Femme infidèle* au ciné-club de Sceaux. Le matin même, Orson me conviant à déjeuner, j'ai fait alors un mensonge épouvantable. J'ai téléphoné à Gilbert Salachas qui organisait cette présentation, lui annonçant que je venais de me faire opérer d'une hernie et que je serai absent malheureusement. J'ai raconté cette histoire à Orson qui m'engueula : « Tu n'as pas le droit de faire ça. On va y aller. » Il m'a fait un faux bandage avec des serviettes de Chez Denis où nous mangions, et nous sommes arrivés à Sceaux. Salachas, fou de joie en me voyant, a failli s'évanouir en apercevant Orson Welles. Il monte sur scène, me remercie chaleureusement d'être venu malgré mon opération. Je le rejoins sur le podium et j'aperçois Orson qui me fait un petit signe amical et disparaît. J'ai dû, seul, assurer la présentation du film tout en simulant une grande douleur. On a loué une ambulance pour me ramener à Paris. Si un jour j'ai eu honte de moi-même, c'est bien ce jour-là.

Orson Welles représente l'un des rares cas d'autodestruction absolue que je connaisse dans le monde des arts. Voilà un homme qui démarre d'une façon fantastique en réalisant un film réellement révolutionnaire. Un ton neuf et étonnant, malgré les influences ressenties de Murnau ou Ford.

Quand je pense que lorsque j'étais jeune, je faisais la moue à propos de *Citizen Kane* auquel je préférais *La Splendeur des Amberson* !

Il est effrayant de penser qu'Orson a tourné si peu de films dans sa vie. Tout cela pour rechercher une liberté qui lui a sans cesse échappé. Afin d'être libre, il refusa de travailler pour les studios. Ce qui a fait de lui le cinéaste le moins libre de la Terre puisqu'il courait toujours après l'argent et qu'il n'en trouvait pas !

Ainsi, je fus effaré de voir son esquisse de *Don Quichotte*. Tourné par petits bouts, cela ressemblait à un bricolage. Orson devint un génie bricoleur ! S'il réalisa quatre films absolument fantastiques, il n'a pu accomplir la totalité de son œuvre. Ce constat est d'autant plus attristant que d'autres génies ont su trouver les solutions : John Ford ou Hitchcock n'ont jamais eu ce genre de difficultés. Lui n'y est pas parvenu. Son auto-sûreté le conduisait à rechercher l'œuvre parfaite. Il s'est aperçu que cela n'existait pas. Au lieu d'y renoncer, il a préféré tout détruire, à commencer par lui-même.

En 1972, j'ai réalisé *Nada* dans un esprit volontairement soixante-huitard. J'étais très irrité contre le gouvernement et la police. J'habitais à l'époque Neuilly. Un soir, des flics se sont amenés chez moi sous le prétexte idiot de rechercher un rôdeur dans le quartier. Ils voulaient savoir si je ne protégeais pas un membre d'une quelconque association révolutionnaire. En plus, mon téléphone avait été mis sur écoute. Tout cela parce qu'une cellule antiterroriste m'avait classé parmi les gens susceptibles d'être un chef de mouvement. L'argument leur semblait irréfutable : je n'avais pas tourné de film depuis un an ! Extraordinaire ! Ce stupide raisonnement ne pouvait être le fait que de sacrés énarques !

Dans *Nada* j'ai donc présenté tous ces messieurs comme des guignols. Ce que je pensais profondément. L'un de mes bonheurs du film fut la rencontre avec Viviane Romance, dont ce fut le dernier rôle. Je l'avais tellement vue dans ma jeunesse dans des personnages de pute que je lui accordais une vraie promotion. Elle fut patronne de bordel. Une des plus belles mères maquerelles que j'ai vues. Plus sérieusement, je dirais qu'elle était assez marrante et très charmante.

*Les Innocents aux mains sales* fut ma seule expérience cinématographique avec Romy Schneider. Nos premières réunions de travail se passèrent d'une manière assez agréable. Nous discutions, chez elle, assis par terre en buvant du meursault. C'était un signe encourageant. Je me disais que Romy était une femme qui savait recevoir ! Très rapidement, elle m'avait précisé qu'elle ne possédait aucun sens de l'humour. Une jolie femme qui me dit cela, assise par terre en dégustant du meursault, c'est épatant ! J'étais alors persuadé que notre entente serait parfaite. Eh bien ! Pas du tout ! Il fallait prendre cette phrase au premier degré. Elle n'avait aucun sens de l'humour. Comme je m'en suis aperçu un peu tard, j'avais toujours tendance à rigoler, ce qui la mettait dans une rogne épouvantable ! Elle ne concevait le travail que dans un sérieux de chaque instant. Pour dire : « Entrez, monsieur l'inspecteur », il fallait le répéter cinq, six fois. Certains moments atteignaient vraiment la limite du ridicule. Elle cherchait trop le génie perpétuel, et finalement elle en faisait des tonnes. En fait, nous n'étions pas trop faits pour nous entendre, d'autant qu'aucun des deux ne fit le moindre effort pour comprendre l'autre. Ce qui m'énervait, c'est qu'elle en faisait autant dans la vie qu'à l'écran. Le numéro continuait, toujours, en toutes circonstances, inlassablement.

J'enchaînais ensuite avec quelques « bides » mémorables. *Les Magiciens*, c'était déjà pas triste. Mais *Folies bourgeoises* fut le pire. C'est un film délibérément con. J'ai fait quelques films assez cons, mais *Folies bourgeoises* en est un des exemples les plus frappants. Au départ, les frères Salkind me proposèrent d'adapter *Le Malheur fou*, un roman de

# 1958

Claude Chabrol sur le plateau des *Cousins*

avec Françoise Vatel, Michèle Méritz, Juliette Mayniel,

Geneviève Cluny, Catherine Candida.

1959. « La Nouvelle Vague » dans le Train bleu. De gauche à droite : Andréa Parisy, Laurent Terzieff, Gérard Blain, Josette Mayniel, Claude Chabrol, Roger Vadim et Annette Stroyberg France.

1960. Avec Jean-Claude Brialy, *Les Godelureaux.*

1960.
*Les Godelureaux* avec Sophie Grimaldi, Sacha Briquet, Jean-Claude Brialy.

1962. Avec
Michèle Morgan,
*Landru*.

1962. *L'Œil du malin* avec
Stéphane Audran et
Jacques Charrier.

1964. *Le Tigre aime la chair fraîche* avec Roger Hanin.

1972. *Docteur Popaul* avec Jean-Paul Belmondo.

1974. *Les Innocents aux mains sales* avec Romy Schneider

© TCD/DR

1987.
*Le Cri du hibou* avec Christophe Malavoy, Mathilda May, Jean-Pierre Kalfon.

© TCD/DR

1991.
*Betty* avec Marie Trintignant.

© J.Nassif / L'Enfer / Corbis Sygma

1993.
*L'Enfer* avec Emmanuelle Béart et François Cluzet

1997. *Rien ne va plus* avec Michel Serrault.

2001. *La Fleur du mal* avec Nathalie Baye.

2001. *La Fleur du mal* avec Benoît Magimel.

© Interfoto USA/Sipa

Lucie Faure. Je lis les quatre premières pages qui étaient totalement illisibles. On me montre alors une adaptation qui me plaît beaucoup, et je signe. Las ! Salkind m'avertit peu après que Lucie Faure refuse que l'on tourne, le scénario étant trop éloigné de l'esprit du roman. On confie alors l'adaptation à Maria Pia Fusco qui avait travaillé pour Visconti. Résultat : une merde insensée ! Mais ayant signé mon contrat je ne peux faire machine arrière. Je retravaille tant bien que mal le scénario, et voilà tous les quinze jours les producteurs qui me demandent d'inclure un rôle pour Maria Schell, puis un autre pour Aznavour, puis pour Curd Jurgens. Coproduction oblige ! J'étais embarqué dans une galère qui était aggravée par la présence d'un jeune Américain paraplégique responsable de la version anglaise. Cet homme handicapé était un obsédé de la fellation, si bien que presque toutes les scènes se terminaient sous la table. J'ai réussi à en supprimer un grand nombre, mais ce scénario n'avait plus forme humaine. Ayant reçu la presque totalité de mon cachet avant que ne débute le tournage, je ne pouvais échapper à la punition de signer un navet infâme. Je n'avais en tête qu'une seule pensée : « Il va y avoir du boulot pour remonter la pente ! »

Ce qui n'était pas évident, puisque le film suivant fut *Alice ou la Dernière Fugue*. Il s'agissait d'un sujet que j'avais écrit dans une période de calme. Inspiré d'*Alice au pays des merveilles*, il s'agissait d'un film un peu « fantastique » qui tournait autour du sens de la mort. Mon ami Pierre Gauchet était rentré dans la production ainsi qu'un autre type pour qui j'avais déjà tourné des pubs, Patrick Hildebrand, dont le père créait les peintures Valentine. Pour faire passer mon sujet assez compliqué à réaliser, j'avais contacté Shirley MacLaine et Laurence Olivier pour un tournage qui devait se faire en Irlande. Mais voilà que mes deux producteurs décident de s'associer avec un troisième homme, Eugène Lépicier. Lequel décrète aussitôt qu'il ne veut pas d'un film en anglais. C'est ainsi que Shirley MacLaine et Laurence Olivier furent remplacés par Charles Vanel et Sylvia Kristel. Tout cela était un peu hybride. Dès le départ, le projet s'avérait dangereux. À l'arrivée, il était certain que pour devenir un succès, il manquait pas mal de qualités à ce film légèrement boiteux.

La réussite n'était toujours pas au bout de mon chemin. Ce ne fut pas *Les Liens du sang* qui changea quoi que ce soit. J'avais lu un roman d'Ed McBain qui s'appelait *Blood Relatives*. Je le trouvais vraiment intéressant et j'ai d'abord pensé à le transposer en France avec Philippe Noiret dans le rôle principal. Mais mon producteur Eugène Lépicier

– avec lequel je m'entendais très bien – avait conclu une coproduction avec le Canadien Denis Héroux. Tout naturellement, nous avons tourné au Canada avec un acteur épatant, Donald Sutherland. Le résultat ne fut pas un échec monumental, mais il serait faux de prétendre parler de succès.

Et puis vint *Violette Nozière*. C'était un sujet que j'avais en tête depuis un certain temps. Plus exactement depuis une nuit de beuverie au cours de laquelle Pierre Brasseur, grand fanatique de Violette Nozière, ne cessa de m'en parler. Ce personnage trottait donc en moi. Il prit vraiment corps lorsque je vis Isabelle Huppert dans *La Dentellière*. Elle était parfaite. Un scénario existait déjà. Il frisait la nullité, avec des flash-backs qui n'avaient aucun sens. J'ai donc confié l'histoire à une amie, Odile Barski, qui m'a fait un scénario formidable. Eugène Lépicier, Isabelle et moi étions emballés. Le film a très bien marché. J'ai accepté de lever mon embargo sur le Festival de Cannes. Depuis l'affaire de la non-sélection du *Beau Serge*, j'avais spécifié sur mes contrats que mes films n'y seraient pas présentés. Mais pour Isabelle qui aurait mérité d'avoir le prix l'année précédente avec *La Dentellière*, j'ai insisté pour qu'il aille sur la Croisette. Ce fut son grand départ. Elle ne cessa de tourner aux États-Unis, en Italie, en Australie. Je n'allais la retrouver que onze années plus tard dans *Une affaire de femmes*.

Comment peut-on ne pas s'entendre avec Isabelle ? Même Maurice Pialat s'est bien entendu avec elle, une performance ! Isabelle est une femme de caractère et également une grande finaude. Tout au long de notre importante collaboration – je préfère le mot « complicité » – nous ne nous sommes jamais trahis. Notre comportement fut toujours normal l'un vis-à-vis de l'autre. Je n'ai jamais senti la moindre réticence, ni agressivité, ni hypocrisie dans ses rapports avec moi. L'alchimie entre nous fut toujours parfaite. Tout me convenait. Son attitude, sa disponibilité, sa manière d'aborder le rôle, de le jouer. Certains mouvements ou intonations, certains gestes, ou moues, ou sourires, m'ont sans cesse surpris. Dans chacune de ses interprétations, j'ai été étonné de la subtilité de son jeu.

Georges de Beauregard vint me proposer de faire l'adaptation d'un bouquin qui venait de connaître un immense succès, *Le Cheval d'orgueil* de Pierre Jakez Hélias. Il désirait faire un certain nombre de films sur différents coins de France. J'ai donc lu le livre que je trouvais extrêmement intéressant, mais ressemblant plus à un catalogue qu'à un scénario. J'en ai donc parlé avec Daniel Boulanger, et nous avons mis au point un sujet basé sur deux principes.

Le premier était une donnée philosophique représentée dans le pays bigouden par le mot « startigen », autrement dit le principe d'immortalité par la résurrection. Le deuxième principe consistait à faire la part belle à la naïveté. Tout cela ne nous donnait pas un scénario linéaire, mais par association d'idées nous évoquions d'une manière assez forte et intelligente un ensemble de concepts. Je maintiens – même si certains spectateurs sont passés à côté (ce qui doit être autant de ma faute que de la leur !) – que *Le Cheval d'orgueil* est un film assez juste sur les notions de régionalisme. Il a réuni en Bretagne autant de spectateurs que dans le reste de la France. Et en France ce qu'un film fait en général en Bretagne. La plupart des Bretons se sont reconnus dans le film. Avec quelques exceptions bien sûr, dont celle de l'ennemi intime de Jakez Hélias qui s'appelait Xavier Graal. Il considérait ce film comme une apologie de celui qu'il tenait comme son rival.

Depuis de nombreuses années, j'avais l'intention d'adapter le roman de Georges Simenon *Les Fantômes du chapelier*. Déjà, avec les frères Hakim, nous avions envisagé de tourner avec Charles Boyer en vedette. Cela faisait partie des projets qui n'aboutissent pas. J'en parle un jour à Michel Serrault qui était mon voisin à Neuilly. C'est un acteur que j'admirais beaucoup, et je me disais qu'il devrait être formidable dans ce personnage décalé, détraqué. Je fais donc l'adaptation, je lui envoie le scénario. J'ai de suite son accord. Je rencontre Philippe Grumbach qui fut directeur de *L'Express* et qui désirait se lancer dans la production. Comme il débutait dans ce métier, il s'est fait couillonner par la Gaumont qui distribuait le film et l'a sorti en bouche-trou fin mai. Au moment du Festival de Cannes, dont les sélectionneurs avaient refusé non seulement *Les Fantômes du chapelier*, mais aussi *Le Beau Mariage* d'Éric Rohmer. Nous étions les deux recalés ! L'accueil fait au film ne fut pas excellent. On lui reprochait cette « qualité française » qu'avec « la nouvelle vague » nous avions condamnée dans le temps. Je constate que je possède des dons exceptionnels pour attirer la connerie de certains critiques, que ce soit dans les attaques ou les compliments. Je me souviens par exemple d'un papier dans *Combat* où il m'était reproché d'avoir tourné le film à Concarneau, et non à La Rochelle où se situait l'action dans le roman. Le journaliste concluait par cette phrase : « Ça promet pour la fidélité à Simenon. » Une petite vengeance sans doute à l'encontre de Grumbach qui l'avait peut-être viré un jour de son journal !

*Les Fantômes* reste l'un de mes films préférés malgré l'accueil tiède qui lui fut réservé. Mais je commençais à m'y habituer ! Aux côtés de Michel Serrault, Charles Aznavour que j'avais vu remarquable dans *Tirez sur le pianiste* et dans *Le Passage du Rhin* m'avait enchanté par son extrême gentillesse.

Quant à Michel Serrault, j'admire le contrôle qu'il a de lui-même. Il sait parfaitement apporter le grain de folie nécessaire lorsqu'il estime que la situation devient un peu terne. Comme il a horreur de s'ennuyer, il trouve toujours un effet pour se distraire ! Les seules colères que je lui ai vu prendre ont été à l'encontre de gens fats. Et comme je le comprends ! De temps à autre – rarement toutefois – on se trouve sur un plateau de cinéma face à certains personnages qui savent tout, qui ont tout vu et veulent en mettre plein la vue aux autres. Serrault, dans un cas pareil, peut piquer une vraie colère.

J'ai retrouvé Michel un peu plus tard dans *Rien ne va plus* et je suis triste de ne pas avoir d'occasions de travailler à nouveau avec lui. Mais mes préoccupations actuelles me conduisent plutôt vers les problèmes de la jeunesse. Je ne pense pas que Michel, malgré son grand talent, puisse jouer un adolescent !

Georges Simenon, l'auteur des *Fantômes du chapelier*, est un écrivain qui m'a appris de nombreuses choses. Ce que je vais dire va étonner pas mal de lecteurs. Il fut l'un des êtres les plus humbles que j'aie connus. Il avait compris que l'humilité est une force. Les héros de ses livres sont souvent des gens modestes. Une de ses « nouvelles » – qui était une première mouture des *Fantômes du chapelier* – s'appelait *Bénis soient les humbles*. Lors d'une longue conversation que j'eus avec lui, nous parlions de l'intelligence. Il me dit alors : « L'intelligence n'est pas la clé de tout. Par exemple, je sais que je ne suis pas très intelligent, vous non plus d'ailleurs. Par contre, j'ai un bulbe rachidien extrêmement développé. C'est la raison qui me permet de trouver la bonne distance par rapport aux situations et aux hommes. Grâce au bulbe rachidien les chats peuvent sauter ou les golfeurs envoyer la balle dans le trou. » Le raisonnement de Simenon est la marque de sa grande modestie. J'y ai beaucoup réfléchi, et je suis sûr qu'il a totalement raison. Il ne s'agit pas d'être d'idiot. Il s'agit plus simplement de ne pas mettre l'intelligence comme clé de voûte de tout raisonnement.

Une autre leçon reçue de Simenon est l'importance du travail. Il fut un bosseur infernal. Il donnait pourtant l'impression que toute son écriture se faisait naturellement. Je ne connais pas de style plus limpide que le sien. Il réfléchissait à propos du moindre détail, la place d'une virgule, le vocabulaire le plus simple fait de mots usuels.

Lorsqu'il devait employer un mot peu courant, c'est qu'il s'agissait d'une locution de spécialiste, et jamais pour montrer sa connaissance.

Il écrivait ses romans en un mois environ. Tout d'abord huit à dix jours sur le fond de l'histoire. Ensuite environ trois semaines de correction. C'est la raison pour laquelle les adaptations cinématographiques de ses œuvres ont toujours été aussi délicates. Il faut impérativement être fidèle à la ligne près. Sinon on fait autre chose. Cela peut être bien, mais c'est autre chose.

La plupart de ses romans sont magnifiques, même si, vers la fin, on pouvait penser qu'il les finissait pour y mettre le point final. Mais son œuvre est magistrale. Ses Maigret qui ne devaient être pour lui que des divertissements sont souvent superbes. Relisez *Maigret et les vieillards*, vous ne pourrez qu'acquiescer !

Simenon n'avait pas une réelle passion pour le cinéma. Il avait été trop souvent déçu. À un certain moment, il a travaillé avec Clouzot sur un scénario qui s'appelait *Strip-tease*. Le projet n'est pas parvenu à son terme, et il fut revendu à un producteur qui s'appelait Jules Borcon. C'était un Lituanien qui avait changé de nom. Sa véritable identité était Borcu, il la remplaça par Borcon ! Authentique ! Bref, Jacques Poitenaud réalisa le film qui n'avait plus aucun rapport avec le scénario de Simenon.

Jean Poiret était un ami que j'aimais profondément. J'avais beaucoup admiré sa première pièce *Douce amère*. Bien que mal accueillie, je la trouvais épatante. Je lui avais envoyé un petit mot, et nos relations étaient devenues cordiales, parisiennes. Je guettais donc l'occasion de lui donner un rôle. Lorsque, avec Dominique Roulet, nous avions écrit *Poulet au vinaigre*, j'ai immédiatement pensé à lui. Mais, curieusement, ce n'était pas pour interpréter l'inspecteur Lavardin, mais pour jouer le médecin, qu'a tenu finalement Jean Topart. C'est Jean Poiret qui m'a fait part de son envie de faire le flic. Il avait pour ce rôle certaines idées précises. Effectivement, dès sa toute première scène, chacun dans l'équipe a senti une adéquation qui arrive assez rarement, et le film a pris sa véritable dimension. Et moi qui ai horreur de reprendre les mêmes personnages, j'ai dit : « Nom d'un chien ! Ce flic je vais continuer à le faire ! » C'est ainsi que nous avons tourné *Inspecteur Lavardin*, plus quatre films sur TF1 qui se sont interrompus à cause de la mort de Jean. C'est vrai que jusqu'à *Poulet au vinaigre*, Jean Poiret avait été un peu ignoré des gens de cinéma. Quelques rôles ici et là, où il était toujours épatant comme dans *Le Dernier Métro*, mais rarement dans de grands personnages. Pendant le tournage, Jean était tout à la fois intelligent et drôle. Il savait qu'il fallait faire ce métier sérieusement sans se prendre au sérieux. Ils ne sont pas très nombreux les comédiens qui savent appliquer cette formule. Quand je les trouve, je les garde. Je les prête à d'autres, mais je les garde ! C'est le cas de François Cluzet avec lequel j'ai toujours une grande joie de travailler.

Année après année, j'enchaînais les films au gré de mes envies, de mes préoccupations. Ainsi, avec *Masques,* je me suis amusé à décrire l'univers de la télévision que je connaissais fort bien. Avec *Le Cri du hibou*, j'ai adapté un auteur, Patricia Highsmith, dont de nombreuses qualités correspondent à mes goûts. Je voulais au départ travailler sur un autre roman de Patricia Highsmith, *Ceux qui prennent le large,* que je trouve plus subtil. Malheureusement les droits étant pris, je me suis rabattu sur *Le Cri du hibou* dont l'adaptation m'a posé quelques problèmes de construction. C'est l'une des difficultés majeures de la transposition d'un roman au cinéma. Simenon, par exemple, a pratiquement toujours été transformé. Je crois être le seul cinéaste à l'avoir adapté littéralement, presque ligne par ligne, dialogue par dialogue. Sinon, des films souvent très intéressants, comme ceux réalisés par Pierre Granier-Deferre – je citerai *La Veuve Couderc* – sont des adaptations... très adaptées.

J'ai ensuite écrit avec Odile Barski un film sur Camille Claudel que nous avions projeté pour Isabelle Huppert. L'autre Isabelle, Adjani, avait conçu une idée similaire. Ses avocats nous expliquèrent qu'Adjani avait acquis les droits de reproduction audiovisuelle sur les œuvres de Camille Claudel. Effectivement, si au dos de chaque statue se trouvait un droit de reproduction, notre projet était foutu. D'autant que la famille Claudel ne nous portait pas spécialement dans son cœur, car nous étions très sévères avec Paul qui s'était conduit comme une ordure avec sa sœur.

Du coup je cherchais un scénario, lorsque Colo Tavernier m'a signalé un livre sur une fille qui, pendant l'Occupation, pratiquait des avortements. Cette histoire me revenait en mémoire. C'était un bouquin de Francis Szpiner qui s'appelait *Affaire de femmes*. J'en ai parlé à Isabelle Huppert qui fut immédiatement d'accord. Colo s'est mise au travail et m'a fait un scénario épatant.

Avec *Violette Nozière*, *Une affaire de femmes* et, sept ans après, *La Cérémonie,* nous avons, Isabelle Huppert et moi, construit ce que certains considèrent comme un triptyque. Plus justement, je pense qu'Isabelle s'est fabriqué, au fil de ses tournages, sa propre œuvre. C'est une action très rare chez les comédiens. Je dis souvent qu'Isabelle me fait penser à Raimu. Ce n'est pas une phrase gratuite.

Raimu s'est fabriqué une œuvre à partir des différents films qu'il a tournés. Le cas d'Isabelle est encore plus fort, car ses rôles sont très variés, et elle a ainsi composé une vision très complète de la femme. Dans *La Cérémonie* par exemple, je lui ai proposé les deux rôles. Elle avait le choix. Elle a pris celui qui lui permettait de tisser son personnage. Chaque fois que j'ai travaillé avec elle, j'ai toujours eu l'impression qu'on naviguait sur des notes différentes. Elle s'attachait à certains points et moi à certains autres. Il s'agissait toujours de faire le même film, et nos points de vue n'étant pas contradictoires, le résultat s'en est toujours trouvé enrichi.

*Jours tranquilles à Clichy* est un bouquin de Henry Miller que je n'aime pas, contrairement à la plupart de ses autres œuvres. J'ai même une légère dent contre Miller. Il représente le côté Amérique qui baise pendant que l'Europe est sur le point d'être à feu et à sang, et qui ne veut s'apercevoir de rien. Malgré cela, le producteur Antonio Passalia me convainc de faire le film, me dit avoir un scénariste, un certain Ugo Lenzio, écrivain italien fanatique de Proust. Ce qui le passionnait dans Miller, c'était Proust ! Je me suis dit : « Advienne que pourra ! » J'ai engagé des acteurs qui m'étaient sympas, Andrew MacCarthy et Nigel Havers. J'ai essayé d'obtenir un résultat qui ne soit pas trop sordide. Mais ce ne fut pas un tournage facile. On avait construit un décor représentant une rue de Paris... où le temps manquait pour fabriquer les trottoirs ! Que peut-on faire dans des cas pareils ?

Autre moment difficile : *Docteur M.* Un hommage à Fritz Lang, l'un des cinéastes que j'admire le plus. Mais ce ne fut pas exactement l'hommage que j'aurais souhaité lui rendre. Je sais que Fritz Lang lui-même a quelquefois engagé des acteurs douteux. Mais moi je suis tombé sur la crème ! Un type qui s'appelait Jan Niklas, et avait plein d'idées ! Plus stupides les unes que les autres. C'était hallucinant ! On tournait sous la pluie à Berlin, et je le vois arriver bronzé comme un playboy. Je lui fais remarquer qu'il joue un flic blême. Il me répond : « OK ! Mais il sort beaucoup ! » La colère ! « Il sort, d'accord, mais dehors, il pleut comme vache qui pisse ! »

S'il existe un film que je m'étais juré de ne jamais faire, c'était bien *Madame Bovary*. C'est un livre qui m'a poursuivi toute ma vie. Je me suis dépucelé pendant que je lisais *Madame Bovary*, j'ai passé mon certificat de littérature contemporaine sur la technique d'écriture de Flaubert dans *Madame Bovary*. Bref, j'ai été « bovarysé » tout le temps. J'avais même eu le projet de le tourner avec Jeanne

Moreau, et heureusement le film ne s'était pas fait, car Jeanne avait des idées sur le personnage qui ne correspondaient pas aux miennes, et surtout pas à celles de Flaubert.

Finalement Isabelle Huppert, qui n'avait pourtant pas lu le livre, me fait part un jour de son désir de jouer ce rôle. Malgré les réticences de certains qui trouvaient la description de Madame Bovary par Flaubert peu ressemblante avec le physique d'Isabelle – alors qu'il n'existe aucune description dans le roman –, je me suis jeté à l'eau, et j'ai essayé de tourner comme Flaubert l'aurait fait. C'est-à-dire être le plus fidèle possible, en essayant de respecter même les virgules, puisque la technique de Flaubert consistait à visualiser dans sa tête les scènes avant de les écrire. C'est là l'une des raisons de la précision fantastique de chaque mouvement de ses personnages.

Certains ont trouvé le film « académique », ce qui impliquerait que Flaubert soit « académique ». Et cela m'étonnerait. Je crois que c'est une écriture XIX^e^ siècle, et que la manière dont le film a été tourné est hyperclassique. Mais je refuse l'académisme que la critique n'a pas osé employer pour des films venant d'Extrême-Orient comme *Épouses et concubines*. Le triomphe de la mode !

J'ai connu Marie Trintignant alors qu'elle avait quatre ans. Et voilà que je me retrouve dans un clip avec Jean-Pierre Kalfon où Marie interprète une pute et moi un mac. « Alors tu fais la pute maintenant ? » Elle me répond : « Je fais tout ce qu'on veut. » J'étais en train d'écrire *Une affaire de femmes*. J'en ai profité pour lui confier aussitôt le rôle d'une jeune prostituée. Et quand j'ai attaqué l'écriture de *Betty* d'après un roman de Simenon, je n'ai eu aucune hésitation. Marie Trintignant a été magnifique ! Sa voix m'a toujours fasciné. Sa mort si cruelle serait définitivement insupportable si nous ne savions pas que nous la retrouverons dans ses films. Je sais que je peux retrouver son allure, ses gestes et sa voix. Et on n'est pas mort quand on peut vous revoir. Deux de nos sens peuvent encore la regarder vivre, pas tout à fait sa propre vie bien sûr, mais enfin des vies qu'elle avait choisi d'exprimer et par le truchement desquelles elle savait extérioriser un peu d'elle-même. Gardons et regardons ces minutes précieuses. Et béni soit le cinéma !

*L'Œil de Vichy* a été le seul documentaire de ma production cinématographique, motivé par l'affaire Touvier. Jean-Pierre Ramsay, qui avait été piqué au vif par cette histoire, me suggéra de remettre le régime de Vichy sur la sellette. J'ai pensé qu'il serait intéressant de faire un film basé uniquement sur les actualités de la période 40-44. Nous avons donc décidé de travailler avec deux historiens spécialisés dans cette époque, Jean-Pierre Azéma et l'Américain Robert Paxton, qui avait publié un remarquable livre, *La France de Vichy*. Alors que la théorie officielle était celle de Robert Aron, un peu indulgente quand même, le bouquin de Paxton n'hésitait pas à mettre carrément les pieds dans le plat et à dire la vérité sur cette période absolument scandaleuse de notre histoire.

Avec Paxton et Azéma on a visionné des kilomètres d'actualités françaises et allemandes qui aidaient à comprendre la manière dont la propagande se développait à Vichy, toutes les hypocrisies et immondices, telles les explications d'un ancien attaché d'ambassade qui avait soi-disant été envoyé par Pétain pour parlementer avec de Gaulle. On s'est aperçu que les documentaires français antijuifs étaient plus violents que les films allemands. Nous avons construit l'évolution des événements année par année, et j'ai demandé à nos historiens de faire un texte le plus succinct possible afin de rétablir les faits véritables par rapport aux mensonges.

J'ai appelé le film *L'Œil de Vichy* à cause d'un personnage que Pétain avait nommé ambassadeur auprès de nos prisonniers. Il s'appelait Georges Scapini et avait comme caractéristique d'être borgne et de porter un bandeau noir sur l'œil. Scapini revient régulièrement à l'image et démontre donc l'aveuglement d'une politique.

Ce qui m'a frappé à la sortie du film c'est l'argumentaire utilisé par certains, à savoir qu'il n'était pas assez didactique. Ainsi Jean Daniel – c'était bien l'une des fois où il aurait pu se taire ! – m'a dit qu'il n'y avait pas assez de commentaires et qu'il aurait pu m'y aider. En réponse à ces critiques, mon argument était simple : « Pourquoi ? Vous avez l'impression que c'est de la propagande ? » Invariablement on me répondait : « Non, pas moi, c'est mon voisin de palier qui le pense ! » Mais dans l'ensemble le film a été très bien reçu. J'en étais satisfait, car il correspondait à ma pré-adolescence, et comme j'avais de cette époque de nombreuses informations, j'étais content d'avoir pu dire ce que je pensais. À savoir que les gouvernants, les juges, les préfets, les chefs de la police ont tous été à la botte. Il ne faut pas se faire d'illusions. Les juges se sont conduits comme des malpropres, les sections spéciales furent immondes. Tout cela est monstrueux. Et certains de ces gens-là se sont encore retrouvés juges à la Libération. Bien sûr, l'idée de De Gaulle fut de rassembler, comme si ce passé récent était une parenthèse. L'ennui est qu'elle portait – comme toutes les hypocrisies – sa propre destruction. Il y eut ensuite quelques années pénibles avec plein de salopards qui se retrouvaient dans les sphères du pouvoir. Ainsi Papon, qui n'était pas un criminel de base, mais un criminel d'occasion, a su profiter de sa promotion, exécuter les ordres reçus, allant même jusqu'à faire déporter des enfants. En fait, je trouve que par rapport au documentaire, la fiction permet de dire les mêmes choses, avec autant de pertinence et de crédibilité. Pour parler de la même époque, je ne vois pas en quoi *Une affaire de femmes* est moins crédible que *L'Œil de Vichy*.

Henri-Georges Clouzot, qui n'était coupable de rien mais avait eu le tort d'avoir quelques ennemis, fut mis sur la touche après la Libération. On l'accusa de faits dont il n'était absolument pas responsable. On racontait ainsi que *Le Corbeau* était sorti en Allemagne sous le titre de *Une petite ville française*. Ce fut l'un des prétextes pour le faire interdire pendant un certain temps. Il en profita pour jouer beaucoup au bridge, et c'est au cours de ces parties de cartes que nous nous sommes rencontrés. Lorsque j'ai commencé ma carrière de cinéaste, il a fait partie des trois réalisateurs qui ont vu arriver la « nouvelle vague » sans haine ni antipathie : Clouzot, Becker, Ophuls… et Renoir bien sûr qui naviguait entre la France et les États-Unis. Ils n'avaient pas été aussi ridicules qu'un Claude Autant-Lara, lequel craignait qu'on lui prenne son boulot, alors qu'il a fait autant de films après la « nouvelle vague » qu'avant. Clouzot m'avait montré son amitié en apprenant que j'écrivais une adaptation d'un bouquin de Frédéric

Dard *Initiation au meurtre*. Comme il avait déjà travaillé sur ce même livre, il me proposa son scénario en me disant que je pouvais l'utiliser. J'avais malheureusement l'obligation de tourner en Tunisie, ce qui ne correspondait pas au travail qu'il avait fait. Finalement, j'ai tourné *Les Magiciens* – un de mes plus mauvais films ! – sans l'aide de Clouzot. Je ne l'avais pas revu jusqu'à la mort de son ex-femme Véra. Le hasard a fait que je l'ai rencontré dans un restaurant où il était attablé, seul, en train de bouffer des spaghettis. Il m'a fait asseoir à ses côtés, ne cessant de tourner ses pâtes en gémissant : « La pauvre Véra ! La pauvre Véra ! »

Quelque temps après, Clouzot est mort à son tour. À ma grande surprise, Marie Trintignant me dit que la veuve de Clouzot lui avait confié le scénario de *L'Enfer* dont il avait tourné quelques scènes pendant une dizaine de jours. Dans la distribution se trouvaient Romy Schneider et Serge Reggiani qui tomba malade et fut remplacé une demi-journée par Jean-Louis Trintignant. Puis Clouzot eut son infarctus et le film fut définitivement arrêté. Peut-être cela aurait-il été sublime et tout à la fois incompréhensible, si je puis en juger par les trois versions que j'ai eues entre les mains. Si Clouzot était lui-même obsessionnel, moi j'ai fait un film sur l'obsession, ce qui n'est pas la même chose.

*L'Enfer,* bien qu'ayant très bien marché, a été tantôt accepté, tantôt refusé par la critique. Ce qui m'arrive assez souvent. Un article spécifiait que sous la direction de Clouzot, le film aurait été meilleur. Ce qui signifiait que le critique préférait un film qui n'existait pas à un film qui existait ! À propos des interprètes de *L'Enfer*, j'avais eu une longue hésitation. Deux solutions s'offraient à moi. L'une était constituée par Marie Trintignant et François Cluzet qui vivaient ensemble à l'époque, l'autre était un autre couple véritable, Emmanuelle Béart et Daniel Auteuil. Caroline Eliacheff – scénariste entre autres de mon film *La Fleur du mal* – me conseilla de n'adopter aucune de ces deux solutions. Car, m'expliqua-t-elle, ce genre de rôles attire obligatoirement des tensions, fait ressurgir de possibles histoires du couple, et tout cela peut créer une ambiance cauchemardesque. C'était sans doute la voix de la raison et j'ai fini par choisir Emmanuelle Béart et François Cluzet. Je n'ai pas eu à le regretter. Ils ont été formidables l'un et l'autre dans des rôles extrêmement délicats. Car la jalousie – qui est le thème du film – est une maladie. Un vrai jaloux entend des voix. Soit sa propre voix qui lui signale à quel point il est cocu. Soit des voix extérieures. Un vrai jaloux est un être qui se dédouble.

Emmanuelle et François étaient tellement imprégnés de leurs personnages que pendant les quinze derniers jours de tournage ils ne pouvaient plus se blairer. Ils se haïssaient comme dans le film. Il régnait sur le plateau une tension terrible, chacun cherchant des arguments pour blesser l'autre. En réalité, tout cela était un jeu qui les aidait à construire leurs rôles, leurs sentiments, leurs haines.

*La Cérémonie* est tiré d'un roman de Ruth Rendell dont j'ai lu presque toute l'œuvre. Je la trouve encore plus intéressante que celle de Patricia Highsmith. Je me souviens de l'un de ses livres, *La banque ferme à midi,* où le personnage principal est employé de banque. Le jour où celle-ci est attaquée, il s'aperçoit qu'il peut piquer le pognon. Ce qu'il fait, avant de disparaître. Il part pour Londres, mène une nouvelle vie et va au cinéma assister à la projection de l'un de mes films. Je me suis senti très flatté et j'ai trouvé Ruth Rendell encore plus formidable !

J'avais lu *L'Analphabète* dans les années 60-70. Vingt ans plus tard, le bouquin était toujours présent dans ma tête. Et comme j'avais envie de retravailler avec Isabelle Huppert et que Sandrine Bonnaire ne m'était pas indifférente, j'ai commencé à me pencher sur l'adaptation. S'agissant d'un cas pathologique, j'ai demandé à Caroline Eliacheff de travailler sur cette histoire. Elle m'a apporté un boulot d'une précision remarquable sur lequel j'ai pu bâtir mon scénario. La manière dont Sandrine

Bonnaire a abordé le rôle de la domestique a été impeccable. Elle m'a d'abord demandé de lui procurer des ouvrages sur l'analphabétisme. Ensuite elle m'a suggéré de jouer son personnage comme un poireau. Et alors que je me fichais des comédiens de l'Actors Studio qui disaient « Tu es un chêne, tu es un tilleul » – ce qui me faisait hurler de rire – Sandrine a pris la tête d'un poireau. Revoyez le film, vous verrez un poireau tout au long de la projection.

Contrairement à de nombreux confrères, je me suis toujours intéressé aux femmes. Isabelle, Sandrine, Marie entre autres peuvent en témoigner. Je pense en effet que nous vivons encore dans un univers masculin, à la limite machiste. Donc, la femme est plus intéressante que l'homme, puisqu'une femme dans son quotidien devient un vrai sujet. Alors qu'on est obligé, si l'on fait un film sur les hommes, de les faire participer à des choses exceptionnelles. Ma chère épouse, qui est la sagesse personnifiée, lorsqu'on lui demande ce qu'elle aimerait avoir si elle revivait, répond sans hésiter : « une paire de couilles », parce qu'elle trouve qu'il est plus facile d'être un homme qu'une femme.

Un de mes sujets favoris est donc la femme, l'état de femme, le pourquoi des femmes, le mystère des femmes. Ce sont des questions qui me passionnent vraiment. Pas pour les sauter ! Mais pour les comprendre. Lorsque j'ai donné le scénario de *La*

*Fleur du mal* à Benoît Magimel, il m'a fait remarquer que ce sont toujours les femmes qui ont le beau rôle. « C'est faux, lui ai-je répondu. Les hommes ont leur rôle. Ce sont des patrons sacrifiés qui se font déposséder lentement mais sûrement. » La plupart du temps, les cinéastes fascinés par les femmes sont homosexuels. Ce n'est pas mon cas. J'exprime un point de vue non homosexuel, sans aspiration à la féminité.

Après le drame, la fantaisie. *Rien ne va plus* est l'un de mes films préférés qui traite pourtant d'un sujet extrêmement sérieux : la circulation de l'argent. Autre pôle du film : le mystère des rapports entre hommes et femmes. Ainsi on ignore quelles sont les relations qui unissent Michel Serrault et Isabelle Huppert. Sont-il père et fille, amant et maîtresse ? Ce que l'on sait, c'est qu'ils forment une association de malfaiteurs pure et dure.

Le film s'est conçu lors d'une cérémonie des Césars. Ce qui prouve que cette manifestation sert à quelque chose ! Michel Serrault, avec lequel je n'avais pas tourné depuis *Les Fantômes du chapelier*, et Isabelle ont bavardé pendant la soirée, exprimant l'un et l'autre le souhait de travailler ensemble. À partir de ce désir commun, j'ai fabriqué un scénario en fonction de ces deux acteurs. Ce que je ne fais pas habituellement. Chez moi, le scénario prime, et ensuite je cherche les comédiens idéals. Il s'agit d'une méthode de travail qui est à l'inverse de ce que faisait, par exemple, Michel Audiard. Il écrivait pour Gabin ou Lino Ventura, entendant les répliques telles qu'elles sortiraient de leur bouche. Tout cela était normal puisque « la parole » primait dans la conception des films. Ce qui n'est pas exactement mon cas. *Rien ne va plus* est le seul film où j'ai mis des éléments autobiographiques. J'ai construit le rapport entre Serrault et Isabelle strictement sur le double rapport que j'avais avec ma femme Aurore et sa fille Cécile. Pour qu'on ne sache pas si Isabelle était sa femme ou sa fille, j'ai combiné les deux. Le résultat fut un manque de clarté dans ces rapports.

J'avais particulièrement soigné l'écriture du dialogue, n'utilisant qu'un seul mot grossier. C'était le mot « con ». En parlant du personnage interprété par François Cluzet, on disait sans arrêt : « C'est un con. Tu vois bien qu'il est con ! Mon Dieu, quel con ! » Or il se trouve qu'une grande partie des spectateurs s'est retrouvée dans la pensée de Cluzet. Donc quand on disait « Oh le con », le public se retrouvait identifié au con. Il ne s'en rendait pas compte directement, mais indirectement. Ce genre de phénomène joue bizarrement d'une façon inconsciente chez le spectateur. Je crois beaucoup au principe d'identification du public. Si l'on peut dire n'importe quoi aux gens et les amener n'importe où, il est nécessaire d'être extrêmement prudent. Dans *Rien ne va plus,* j'avoue avoir négligé cette possibilité d'identification, ce qui a créé un léger rejet du film chez certains spectateurs. Ainsi l'histoire de la mallette dans l'avion où le personnage interprété par François Cluzet se fait berner. À tous les coups, le spectateur se fait berner lui aussi, car il s'est identifié à Cluzet. Alors que je pensais – à tort – qu'il se rebifferait et essaierait de comprendre. C'est mon dernier faux pas. Une plaisanterie de gamin, de potache ! J'ai compris qu'il ne faut jamais que le spectateur puisse s'identifier à un connard.

Certains pensent qu'il est bon de jouer avec le public. Cela fait partie des choix possibles. Ce n'est pas mon cas. Il ne s'agit aucunement de le mépriser. Bien au contraire ! Il faut essayer de faire en sorte que le plus grand nombre de gens comprennent. C'est l'une des grandes difficultés du cinéma. De toute façon, le public s'identifie à un personnage. Dans *Que la bête meure*, j'avais délibérément identifié le public au personnage de Duchaussoy. Or, il se trouvait qu'à la fin, un certain nombre de gens refusaient les explications qu'on leur montrait. Tout simplement parce que leur identification au personnage leur interdisait d'avoir accompli un acte délictueux.

L'une des règles au cinéma est d'amener le spectateur là où on le désire. J'écris toujours une partie du film qui est consacrée au public. Mais, comme dans la vie, il peut y avoir un léger décalage entre mon point de vue et celui de quelqu'un d'autre. Dans *Merci pour le chocolat* j'avais un vrai problème. Il s'agissait de confronter un univers de gens qui vivaient dans une structure purement musicale, et d'autres non. Ceux qui se trouvaient à l'extérieur de cette structure musicale ne pouvaient pas comprendre. Étrangement, malgré ce problème, le film a bien marché, ce qui tend à prouver qu'il n'est pas méprisable d'être à l'extérieur. J'ai essayé de renouveler ce genre d'expérience dans *La Fleur du mal*. S'il existe quelques réticences, elles sont bizarrement à l'inverse de celles suscitées par *Le Chocolat*. C'est-à-dire que certains de ceux qui n'avaient pas aimé *Le Chocolat* ont aimé *La Fleur du mal*, et vice versa. Tout cela est difficile à analyser. Sans doute l'univers fermé de *La Fleur du mal* correspond au choix du spectateur qui peut soit rester à l'extérieur, soit y entrer. Alors que dans *Le Chocolat*, il ne pouvait pas choisir.

Mon travail d'écriture est le moment où j'ai le moins l'impression de m'amuser. Alors que le tournage représente la réalisation de mes rêves ! Curieusement, j'écris tout à la fois très vite et très lentement. Tout d'abord, le point de départ. Je sors du bureau mon cahier Clairefontaine dont le papier est quadrillé. Ce n'est qu'une quinzaine de jours après que j'écris la première ligne. Lorsque j'aborde la page quatre-vingt, je sais que j'en suis à une heure quinze environ de mon film. Ce garde-fou m'empêche d'écrire des scènes de remplissage que je devrais couper ensuite.

Lorsque je maîtrise totalement mon sujet, je n'ai besoin de personne à mes côtés. Quand j'adapte fidèlement un roman, mon coscénariste devient tout naturellement l'auteur. Souvent, je fais appel à des femmes pour travailler avec moi. Je trouve, en effet, que les femmes connaissent mieux la psychologie féminine que les hommes. Ce qui semble normal ! Et comme j'aime bien les personnages féminins, je ne me prive pas de faire appel à leur talent. Ainsi Caroline Eliacheff, qui est analyste, a pu accomplir un travail d'une grande intelligence pour *La Cérémonie*, m'évitant d'écrire des bêtises sur les déviances mentales. Sujet qu'elle connaît sur le bout des doigts.

*Au cœur du mensonge* vient en partie de mon désir de retravailler avec Sandrine Bonnaire et de lui donner Jacques Dutronc comme partenaire. Malheureusement ce dernier étant indisponible, ma femme qui venait de voir *Pédale douce*, m'a signalé que Jacques Gamblin était le sosie de Dutronc. Comment n'y avais-je pas pensé plus tôt ! Gamblin est un formidable acteur doublé d'un type épatant. Il m'étonnerait que je ne remette pas le couvert avec lui. Il est tellement différent des quelques comédiens qui discutaillent à propos de tout et de rien. Alors que chaque geste est écrit dans le scénario, jusqu'aux moindres détails. Ainsi, j'avais eu le projet de tourner un film d'après le roman de Patricia Highsmith *Eaux profondes*, qui, finalement a été fait par Michel Deville avec Isabelle Huppert et Jean-Louis Trintignant. À l'époque, pour interpréter le mari faible je désirais avoir Lino Ventura. Ce qui me paraissait plus fort ! La puissance physique de Lino complètement à contre-emploi ! Mais Lino avait refusé prétextant qu'être cocu ne serait pas compris, ni admis par son public. Ça ne nous a pas empêchés d'être amis, mais ça m'a empêché de faire le film.

Pour revenir au *Cœur du mensonge*, le scénario est assez vicieux. Le personnage interprété par Jacques Gamblin est persuadé qu'il a commis un meurtre, alors qu'il ne l'a pas fait en réalité. Je l'avais appelé René pour un jeu de mots à la fin du film. Sandrine Bonnaire lui dit : « René ! » et après un temps elle ajoute : « Renais, renais ! » Dans la salle, les gens n'ont absolument pas compris, sauf lorsqu'il y avait des sous-titres. Ce qui donnait : « René, re-born » !

*Merci pour le chocolat* est un scénario bizarre qui s'autodétruit. L'idée consistait à accumuler les éléments de complexité au départ, et de les faire se dissiper et disparaître. C'est une construction à l'envers. Très compliqué au début, le scénario se simplifie au fur et à mesure que l'action avance, jusqu'à devenir pathétique de simplicité. À ma grande surprise, *Le Chocolat* a été bien accueilli, alors que je pensais que c'était un peu ésotérique. Toute une partie de la critique a clamé que le film tenait par sa seule mise en scène puisque le scénario se détruisait.

Finalement *Le Chocolat* a reçu le prix Louis-Delluc, ce qui m'a ravi. J'avais déjà failli l'avoir en quelques occasions, en particulier pour *La Cérémonie*. Cette année-là ce fut *Nelly et Monsieur Arnaud* de Claude Sautet – son dernier film – qui fut récompensé. C'était une superbe réalisation. Je n'avais donc aucune amertume. De toute façon, je suis ainsi conçu que je n'éprouve aucune déception lorsque les prix vont aux autres. Ça ne me gêne absolument pas. Pour une raison très simple, c'est que ma vanité monstrueuse, presque luciférienne, fait que je me trouve très au-dessus de tout ça ! Toutes les décorations, honneurs, distinctions ne m'intéressent pas du tout. On m'a proposé la Légion d'honneur, je l'ai refusée, je n'en veux pas ! L'Institut ? Faire un discours en habit vert, ce n'est pas envisageable ! Éric Orsenna – qui est un copain – m'a suggéré de rentrer à l'Académie française.

Rigolait-il, ou bien était-ce pour distraire ses longues nuits d'hiver ? « Ne te fous pas de ma gueule ! » fut ma réponse instantanée.

Il est loin le temps où Marcel Pagnol recevait Marcel Achard sous la Coupole. Dans son discours, Pagnol eut cette phrase magnifique : « Monsieur, vous allâtes même jusqu'à accepter, en faisant le pitre, de recevoir des coups de pieds. Où ? Je vous le demande… au théâtre de l'Athénée ! » C'est dans ce théâtre que Marcel Achard jouait dans sa pièce *Voulez-vous jouer avec moa ?*.

Quand j'entends parler de l'Académie française, je ne peux m'empêcher de penser à *L'Habit vert* où se trouve une réplique qui fait ma joie. Lorsque André Lefaur vient lire son discours, il trouve dans sa poche une lettre lui apprenant qu'il est cocu. Il a des vapeurs, se retire brutalement, et le secrétaire de l'Académie qui est joué par Larquey lui dit : « Monsieur le comte, rendez-vous compte, réalisez, l'Académie française ! Pensez à l'Académie, pensez au Cardinal de Richelieu ! » Et Lefaur répond : « Mon cher ami, quand on est cocu, la dernière personne à qui l'on pense c'est le cardinal de Richelieu ! »

J'évoquais Claude Sautet à propos de *Nelly et Monsieur Arnaud*. J'aimais Sautet. À l'époque de *Classe tous risques*, on se voyait beaucoup. J'étais en colère contre lui parce qu'il n'enchaînait pas un autre film. Chaque fois que je le rencontrais, je lui foutais un grand coup de pied au cul, en lui disant que tant qu'il n'aurait pas tourné à nouveau je lui en ficherais un autre. Il avait finalement pris une décision et il fit *L'Arme à gauche*. Bien que le film soit un peu raté, cela lui redonna de l'appétit.

Le véritable démarrage de Sautet fut *Les Choses de la vie*. Écrit par Jean-Loup Dabadie, ce film a correspondu à ses réelles intentions, et son talent a éclaté dans toutes ses réalisations suivantes. Nous avions Claude et moi un point commun : lui adorait l'atmosphère du bistrot, moi celle du repas. Finalement, notre recherche allait dans le même sens, celui de la communication. Le bistrot, pour Sautet, a toujours représenté le point central de l'action. Ainsi dans *Mado*, un des rares films de Claude qui n'ait pas obtenu le succès escompté, toute la fin se déroule sous la pluie, dans la gadoue. Les personnages ne savent où aller. Ils cherchent un havre. Un bistrot.

L'un de mes grands plaisirs consistait à mettre Claude en colère. Comme il était très soupe au lait, la performance se réalisait facilement. J'en fis un jour la démonstration à Serge Gainsbourg et Jane Birkin. Nous étions à l'Hôtel des Dromonts à Avoriaz. La cheminée du petit salon était éteinte. Nous nous asseyons, Claude étant adossé à la cheminée. Tout en le poussant peu à peu à l'intérieur de celle-ci, je commence à lui dire des bêtises, genre « cette conne de Romy Schneider ». Il réplique aussitôt : « Tu n'as pas le droit de dire cela » et il saute de colère dans la cheminée, sa tête disparaissant et réapparaissant. Gainsbourg pleurait de rire. J'avais mis une minute pour le mettre en rogne.

Dans *La Fleur du mal* j'ai essayé de traiter un sujet grave. La non-influence du temps sur la culpabilité, tout en tentant de faire une radiographie d'un certain état de la société française en province. Le sujet englobe l'histoire d'une famille depuis les années 40 jusqu'à nos jours. Cela sans flash-back, la difficulté consistant à faire ressentir la force du passé.

Je dois ajouter une pensée pour Suzanne Flon dont j'ai toujours été un peu amoureux. Depuis ce film, c'est devenu une vraie histoire d'amour.

Enfin le petit dernier ! Celui que je couve avec tendresse, car il est fragile et n'a pas encore pris son envol. Plus tard, beaucoup plus tard, on saura si c'est un aigle ou un moineau. *La Demoiselle d'honneur* est une sorte de *Roméo et Juliette*, mais avec une sacrée différence. En effet mes Montaigu et Capulet ne sont pas des ennemis pour la simple raison qu'ils ne se connaissent pas. Ils ont simplement leur propre vision du monde. Deux modes de vie strictement à l'inverse l'un de l'autre.

Imaginons qu'un jeune homme extrêmement sérieux vive avec sa mère et ses deux sœurs. La maman, qui élève ses trois enfants, est coiffeuse à domicile. Sa fille aînée est sur le point de se marier avec un secrétaire de mairie, pompier bénévole à l'occasion. L'autre sœur a une furieuse tendance à pratiquer le piercing, sur le nez en particulier. Quant au jeune homme, il se trouve être l'homme de confiance d'un plombier qui va lui proposer de devenir son associé.

Tout ce petit monde va, petit à petit, basculer à partir du mariage de la sœur aînée avec le pompier bénévole. La rencontre entre notre jeune homme et sa demoiselle d'honneur va agir comme un détonateur. Lui représente le sérieux, l'ordre, la logique. Elle c'est la fantaisie, peut-être la folie, on ne sait pas trop. Et ils vont se plaire. Énormément ! Chacun a l'impression que l'autre apporte ce qu'il ne possède pas lui-même. Mais, forcément, l'un des deux doit prendre le dessus.

Ce sujet est tiré d'un roman de Ruth Rendell, dont j'avais déjà adapté *La Cérémonie*. Et si on évoque cet auteur, on peut s'attendre à ce qu'il y ait un suspense. Celui-ci va venir par l'exposé de la philosophie de la demoiselle d'honneur. Pleine de fantaisie, elle ne va pas tarder à dire à son amant : « Il y a quatre choses qu'un être humain doit faire dans la vie : planter un arbre, écrire un poème, faire l'amour avec quelqu'un de son sexe, et tuer une personne. » Si les deux premiers points ne posent pas problème, il n'en est pas de même des deux suivants.

De *La Demoiselle d'honneur*, je dirais que c'est un film d'amour. D'une certaine façon, il pourrait se rapprocher du *Boucher*. Toutes les histoires d'amour ne ressemblent pas à des bluettes. Certaines sont tragiques, d'autres dramatiques ou encore optimistes. J'aurais tendance à placer mon film dans cette dernière catégorie. Ce qui m'a le plus fasciné était de montrer quelqu'un qui se fond dans un paysage, pour peu à peu s'en détacher. Ainsi, le début du film représente la photo traditionnelle des mariés et des demoiselles d'honneur. Mon héroïne est plongée dans l'anonymat. Au fur et à mesure que l'action se développe, elle se transforme pour devenir réellement fascinante. Dans ce rôle, Laura Smet a été formidable de bout en bout. Souvent les actrices hésitent à se donner dans les premières scènes où leur personnage est quelquefois passif. Au contraire, Laura a admirablement joué le jeu. J'avais déjà hésité lors de la distribution de *La Fleur du mal* entre elle et Mélanie Doutey. Je les trouvais toutes les deux épatantes. Finalement mon choix s'était porté sur Mélanie. Mais je m'étais juré que je travaillerais avec Laura dès que l'occasion se présenterait.

J'ai rapidement compris que mon choix était le bon. Bien souvent, une seule réplique permet à l'interprète de trouver le ton juste et au réalisateur de voir plus clair dans son jugement. Ainsi, lorsque Laura emmène son amant pour la première fois chez elle, son regard est amusé de l'étonnement provoqué par cette maison bizarre. Et lorsqu'il dit : « C'est marrant, on dirait pas un appartement de fille », elle répond aussitôt : « Pourquoi ? Il y a des appartements de filles, des appartements de mecs, et peut-être des appartements de cons aussi. » La manière dont elle donne cette réplique est d'une perfection telle que son partenaire n'a plus rien à ajouter. Il est bloqué !

Quant à Benoît Magimel, l'autre héros du film, je le connaissais bien puisque je l'avais engagé dans *La Fleur du mal.* C'est le seul comédien à ma connaissance qui ne soit ni introverti ni extraverti. Il se trouve à mi-chemin entre les deux. C'est vraiment impressionnant ! Il possède une sorte d'équilibre doublé d'une grande fragilité. Face à la caméra, il est d'une habileté formidable. N'oublions pas qu'il possède une solide technique puisqu'il a déjà une trentaine de films à son actif. Eh oui ! Benoît a débuté sa carrière de comédien à l'âge de douze ans, et depuis il n'a cessé de tourner !

Finalement, les comédiens se sont retrouvés tout naturellement dans leurs personnages. Sans avoir à forcer, évitant toute « composition » et n'ayant donc aucune raison de produire un effort qui est la plupart du temps visible par le spectateur. On a ainsi échappé à toute caricature.

Cela faisait trois ans que j'avais ce film en tête. J'ai donc eu le temps de le travailler plan par plan. De ce fait, je n'ai éprouvé aucun problème pour placer la caméra, que ce soit par rapport à l'intrigue ou à la lumière. Je savais qu'une porte devait être fermée si la scène s'achevait, ou entrouverte si j'avais envie d'évoquer une évasion. Dans *La Demoiselle d'honneur*, je crois qu'il n'y a pas un mouvement ou une position de caméra qui ne corresponde à deux ou trois idées à la fois. C'est vraiment un film expressionniste dans tous les sens du terme.

Nous avons tourné à Nantes. Je pensais que nous serions épargnés par le froid, d'autant que plusieurs scènes se passent la nuit. Manque de chance ! Depuis quinze ans, la température n'avait pas été aussi basse (*dixit* les autochtones !) J'avais beau enfiler pull-overs et canadienne, j'étais gelé. Mais en même temps, ce froid a donné à certaines scènes un aspect qui me plaît assez. Je pense à ce moment où Aurore Clément, qui joue la mère des trois enfants, se rend à un souper pour y rencontrer son nouvel amoureux. Ce dernier a préparé un dîner aux chandelles, intime, musique douce et tout le saint-frusquin. Et qui voit-il arriver ? La mère et ses trois gosses. Ce sont alors des allers-retours incessants en voiture, dans un froid épouvantable, pour finalement aboutir dans une pizzeria !

Je me suis efforcé de tourner ce film autant que possible dans la continuité. Pour cela il est nécessaire qu'il y ait peu de déplacements. En règle générale on ne quitte pas un décor pour y revenir quelques jours plus tard. En toute logique, on tourne toutes les scènes qui s'y déroulent. Dans le cas de *La Demoiselle d'honneur*, on a commencé par filmer l'univers le plus réaliste, les pavillons, la maison, le mariage. Puis nous sommes allés dans l'appartement de notre héroïne, et petit à petit nous avons abandonné toute forme de réalisme. Au départ c'est la vie quotidienne, puis on se déplace sans à-coups vers un univers moins concret.

# III

## Pensées ou anecdotes ?

Il est rare que j'aie des problèmes avec les comédiens. Les quelques fois où cela est arrivé signifient que je n'avais pas fait le bon choix, ou bien que la décision m'avait été imposée. Mais comme j'aime que les tournages se déroulent dans la joie, il est exceptionnel qu'éclate un conflit avec un acteur. Ce qui importe, c'est que les comédiens soient à l'aise. Si l'un d'eux fait une suggestion, ou hésite avant d'interpréter une scène, c'est qu'il n'est pas heureux. Toute l'astuce est donc de faire en sorte qu'il se sente bien, et d'éliminer ainsi tout risque de conflit.

Je ne fais pas beaucoup de prises, au moins pour deux raisons. D'abord parce que je choisis toujours le meilleur angle, et ensuite parce que je répète la scène quatre ou cinq fois en demandant aux comédiens de ne pas trop se livrer. Et surtout de faire très attention entre leur propre mécanique et celle de la caméra. Par exemple : « Attention, quand tu te déplaces, ne le fais pas rapidement, car cela nous obligerait à faire des mouvements trop brusques. » Si, par contre, le comédien insiste, parce qu'il sent vraiment le mouvement d'une manière plus brutale, alors je n'hésite pas, et j'en parle aussitôt au cameraman.

Enfin, je veux éviter que les acteurs s'amusent à changer leur interprétation pour essayer d'exprimer des sentiments plus « pointus ». Car, dans ces cas-là, il n'y a pas de raison que ça s'arrête. Si deux acteurs cherchent différentes manières de jouer leur scène, on peut y passer l'après-midi !

Le réalisateur américain William Wyler adorait filmer de nombreuses prises de la même scène. On l'appelait « le génie aux quatre-vingt-dix prises ». Lors du tournage de *L'Héritière*, l'acteur Ralph Richardson devait entrer dans le vestibule, poser sa pelisse et son chapeau sur le porte-manteau et se diriger ensuite vers le salon. « Moteur ! » Richardson pose sa pelisse. « Coupez ! s'écrie Wyler. On en fait une autre ! » Et Richardson s'exécute. « En place, on la retourne ! » Après quelques instants : « On en fait une autre ! »... Après la quarante-deuxième prise, William Wyler dit : « On va en faire une dernière. Mais soyez aimable d'enlever votre chapeau comme dans la septième prise et d'accrocher votre pelisse comme dans la vingt-troisième ». Richardson s'exécute. « Parfait ! » s'exclame Wyler. Sir Richardson vient alors vers son réalisateur, et avec son flegme britannique lui dit presque à l'oreille : « Vous êtes un plaisantin. J'ai enlevé mon chapeau comme dans la deuxième prise, et accroché ma pelisse comme dans la dixième ! »

Sérieusement, je sais que certains réalisateurs éprouvent le besoin de voir et revoir les comédiens exécuter les mêmes gestes sur le même dialogue. C'est ainsi que Jacques Doillon fait quelquefois trente prises de la même scène. Ce système lui convient, car il recherche une espèce de mécanisme spontané. Il utilise la plupart du temps des acteurs peu ou non professionnels. Il a donc besoin de les rendre familiers face à la caméra. Bien qu'il ait énormément de talent, il ressent souvent une insécurité. Je me souviens de ses premiers films où il n'utilisait que des plans fixes, refusant de faire le moindre mouvement. Puis, peu à peu, il a pris confiance. Jacques Doillon, après avoir cherché, a fini par trouver. Avec *Le Petit Criminel*, il a signé un film pratiquement parfait.

La mode s'empare de tout. Aujourd'hui, le fin du fin est de tourner « caméra à l'épaule ». Quelquefois ce procédé est remarquable, comme dans la série américaine *New York District*, qui démontre tous les avantages de cette formule de travail et aucun des inconvénients. Le style employé met en valeur dans ce cas une sorte de palpitation sans avoir la gêne du tremblement de l'image. Les frères Dardenne tournent toujours « caméra à l'épaule ». Si leurs films sont très souvent remarquables au niveau de la conception, ils sont en partie gâchés par la façon de tourner. Un copain m'a expliqué la manière dont travaillent les frères Dardenne : pendant que l'un tient la caméra, l'autre le chatouille ! Je plaisante, évidemment !

Faire jouer des comédiens à contre-emploi m'amuse beaucoup. À condition que ce ne soit pas systématique. Il existait une mode à l'époque de faire jouer à certains comédiens les mêmes personnages. Ainsi René Génin a dû interpréter cinquante fois un curé, tandis que Noël Roquevert était pressenti chaque fois qu'il fallait un ancien sous-officier. Tout cela – malgré le côté kitsch qui s'en dégageait – tuait l'éventuelle qualité profonde des films. Il faut savoir utiliser le contre-emploi. Il est évident qu'on ne peut pas faire jouer Louis XIV à Dominique Zardi ! Mais distribuer Valéria Bruni-Tedeschi comme inspecteur de police dans *Au cœur du mensonge* apportait un plus au double point de vue de l'esthétique et du sens du film. Je rêverais également de faire jouer à Charlotte Rampling le rôle d'une soubrette.

La plupart du temps, je choisis mes comédiens pendant l'écriture du scénario, lorsque je commence à visualiser l'action. Je me renseigne alors sur les acteurs qui sont disponibles. Pour *La Fleur du mal*, j'avais vraiment envie de travailler avec Bernard Le Coq. Je l'ai toujours trouvé remarquable et en dessous de ses possibilités au cinéma. Je me suis informé. Il était libre. Parfait ! Je lui ai envoyé le scénario. Il l'a accepté. Ce fut aussi simple que cela !

J'adore travailler en famille. Je ne m'en prive pas. Mon épouse Aurore est ma scripte, sa fille Cécile – que j'aime comme ma propre fille – est premier assistant, mon fils Thomas – le fils de Stéphane – est comédien, Matthieu – le fils de ma première femme – compose la musique. Mais il ne vient pas sur le plateau et ne veut surtout pas voir le film avant d'avoir composé sa partition. Au contraire des autres musiciens, il refuse d'écrire une musique qui soit synchrone avec les images. Il connaît le scénario, il sait quelles sont mes intentions et le sens à donner au film. Il travaille pendant que je tourne. La musique est pratiquement finie lorsque arrive la dernière scène.

Le travail d'Aurore est double. Elle est ma scripte, et également une minuteuse géniale, chaque scène étant chronométrée à la seconde près. Ce qui modifie tout le travail du montage. Pourquoi tourner des scènes si on doit les couper ensuite ? Le montage, à mon sens, sert à rectifier des erreurs. Je m'en occupe peu. Monique Fardoulis, qui est à mes côtés depuis la nuit des temps, commence à monter au fur et à mesure du tournage. Si bien que lorsque j'ai fini de tourner, le montage est sur le point d'être terminé.

Ceux qui pensent que le film ne prend sa personnalité qu'au montage ne savent pas mettre en scène. Bien sûr, des exceptions existent. *Apocalypse Now* a été partiellement reconstruit au montage. Mais il s'agissait d'un cas assez particulier. Le scénario était élaboré par une succession de scènes tournées à l'inspiration. Par prudence, Coppola accumulait du matériel. Le projet différait d'un cinéma que j'appellerai normal, où l'intérêt est de tourner le plus précisément possible. Par conséquent, il vaut mieux ne pas attendre le montage pour songer au film qu'on veut faire. Il est préférable d'y penser avant.

Je crois savoir que Woody Allen, dont le cinéma est plutôt intimiste, retourne certaines scènes après le premier montage. Peut-être est-ce là l'une des explications de ce qui me rend ses films insupportables.

J'ai, bien sûr, trouvé certains moments épatants. Mais ils sont rares. J'ai sans doute tort, mais je ne puis renier ce que je ressens. Je préfère, chez Woody Allen, son côté bergmanien. Pas dans *Intérieurs* qui me donne l'impression d'être parodique, alors qu'en réalité il ne l'est pas. Plutôt dans *La Rose pourpre du Caire* qui, à mon sens, est sa plus grande réussite. Ce qui me gêne le plus dans Woody Allen, c'est ce qui transparaît de l'homme. Il ne me paraît pas net, et pour un artiste, c'est grave. Je préfère un salaud, mais net. Certes, on trouve dans ses films quelques scènes marrantes. Mais ces réussites sont contredites dans le film suivant. L'utilisation maladroite de la caméra à la main m'embarrasse. Je concède que j'aurais été fier d'avoir écrit deux ou trois de ses dialogues. Mais je ne me suis jamais esclaffé en voyant ses films. Il m'arrive même de m'irriter, tant il ne paraît jamais naturel. Je n'aime pas sa démarche, ce qui n'enlève rien à son talent.

Les aphorismes de Groucho Marx me semblent bien meilleurs, plus profonds. Je soupçonne même Woody Allen d'en avoir piqué quelques-uns !

L'homme qui m'a fait hurler de rire, c'est Buster Keaton. Et Fernandel qui, par moments, avait des éclairs de génie. Certaines de ses chansons – réécoutez *Félicie aussi* – sont d'une incommensurable sottise !

Luchino Visconti me met dans un état proche de celui ressenti devant Woody Allen. C'est même plus grave ! Car ses premiers films furent remarquables. Que ce soit *Les Amants diaboliques*, *La Terre tremble*, *Rocco et ses frères*. Même *Les Nuits blanches*, qui n'est pas totalement réussi, mais reste un film magnifique.

À partir du moment où le succès était devenu pratiquement officiel, tout changea. On se pâme en parlant de la scène du bal dans *Le Guépard*. « C'est somptueux », disent certains… « Il y a de beaux costumes », affirment d'autres. Et alors ? J'ai très envie de me mettre en colère ! Dans ce bal, y avait-il un chef d'orchestre ? Si oui, il faut croire qu'il était allé pisser ! Les danseurs évoluent tout seuls, on ignore où sont les personnages principaux. Sont-ils à droite, à gauche, au fond là-bas ? Je me suis dit en voyant cette scène que Visconti se foutait de ma gueule ! Il se foutait même de sa propre gueule ! Tout cela sent le coup de bluff. C'est jouer l'effet au lieu de privilégier l'efficacité narrative. J'aurais bien voulu connaître l'opinion du grand Fritz Lang sur cette scène de bal. Elle n'aurait sûrement pas été triste !

En fait tout s'est détérioré lorsque Visconti s'est pris pour Visconti. Il ne faut pas oublier qu'il était prince, prince de gauche, catholique italien. L'univers dans lequel il évoluait ne devait pas être facile. Son homosexualité n'arrangeait sûrement pas les choses. Dans ses derniers films, tout s'est dégradé. Le découpage est devenu de plus en plus atteint de schizophrénie. Les rapports entre les différents personnages étaient de moins en moins évidents. Il y avait, dans l'évolution des séquences, un certain illogisme. J'en fus d'autant plus triste que j'avais profondément admiré ses premières œuvres. Le comble, à mon avis, fut atteint avec *Mort à Venise*. Il s'agit là de l'un des films les plus ridicules jamais tournés. Quand on voit Dirk Bogarde essayer de ressembler à Gustav Mahler, dont on entend continuellement le *largo* de la 5$^{e}$ Symphonie (comme s'il n'avait composé que cela !), que l'on assiste aux zooms avant sur la Place, je trouve cela à la limite du grotesque. Je suis à peu près certain que dans vingt ans, le public éclatera de rire, comme c'est le cas en littérature avec les ouvrages de D'Annunzio.

Je vais certainement faire hurler pas mal de gens. Mais qu'importe ! J'ai un projet qui me trotte dans la tête depuis quelques années. J'ai lu un excellent livre, *La Disparition d'Orphée*, dont l'adaptation et le tournage seraient faits en référence à Visconti. Ne riez pas ! Je répète que j'ai trouvé Visconti absolument magnifique dans ses premières œuvres. Mon film ferait référence au cinéaste de cette époque, lorsqu'il était sincère et ne truquait pas. Je ne m'étonnerais pas que Visconti eût été flatté d'être comparé à Orphée. Il est possible que je me trompe, mais je considère vraiment Visconti comme l'un des grands cinéastes de son temps... jusqu'à un certain moment.

Je préfère – et de loin – le cinéma de Roberto Rossellini et de Federico Fellini. Bien que, en ce qui concerne ce dernier, si j'ai admiré ses premières œuvres, je sois moins inconditionnel à partir d'un certain moment. Je crains qu'il se soit pris – lui aussi – pour lui-même. Je suis à peu près certain que son ami Georges Simenon a dû lui dire deux cents fois de rester modeste.

Il y eut également deux grandes époques du cinéma italien : le cinéma politique, et celui dit de « la comédie italienne ». Dans le premier cas, je dirais que c'était le cinéma coco qui avait débuté avec Carlo Lizzani, puis Elio Pietri. Ce dernier a fini par faire des films entièrement flous. Pietri a réellement évolué dans une sorte d'étrange folie. Il suffit de voir Vanessa Redgrave dans *Un coin tranquille à la campagne*. Par bonheur, il a réussi à faire un film très fort, *Enquête sur un citoyen au-dessus de tout soupçon*. Il l'a traité comme un fait divers, sans aucun élément didactique.

J'ai également été très sensible à la puissance de Francesco Rosi dans *Lucky Luciano*, film auquel André Génovès et moi avions un peu collaboré.

Dans la comédie dite « à l'italienne », je retiens quelques noms. Mario Monicelli, dont *Le Pigeon* est proche du chef-d'œuvre. Dino Risi, réalisateur entre autres de *Une vie difficile* avec Alberto Sordi, et du *Fanfaron* qui était sorti en même temps que *Les Cousins*. Soyons modeste ! Le film de Risi est drôlement meilleur !

Oui, ce fut une période formidable pour le cinéma italien, qui a été complètement bousillé par toutes les magouilles de la télévision, sous l'égide de Silvio Berlusconi.

Il arrive que l'on crie au chef-d'œuvre à tort et à travers. Il arrive aussi que le chef-d'œuvre passe inaperçu. Lorsque *To be or not to be* de Lubitsch est sorti, la critique a fait la moue, et au même moment encensait *La Minute de vérité* de Delannoy. À propos de *La Règle du jeu* de Jean Renoir, un type qui s'appelait Denis Marion a écrit : « Si *La Règle du jeu* était un bon film, ça se saurait ! » Il est vrai qu'il était belge, et plus grave encore, assistant de Malraux sur le tournage de *L'Espoir*, un film que je déteste.

En fait, nombreux sont les films où je rigole. Poliment, si je suis dans une salle. Mais, lorsque je me trouve chez moi, devant la télé, je me marre franchement. Je me laisse complètement aller. Je crie : « Ah ! le con ! C'est pas vrai ! Il a osé ! C'est de la merde ! » Et je hurle de rire.

Il y a aussi de bonnes surprises, fort heureusement. *Les Parents terribles* de Jean Cocteau est un film impressionnant par sa conception et sa réalisation. Face aux adaptations théâtrales de William Wyler par exemple, je le trouve plus réfléchi et plus intelligent. Autre bonne surprise : celle tirée d'un roman de Graham Greene *La Fin d'une liaison*. Il en existe deux versions. La première faite par Edward Dmytryk avec Deborah Kerr. Le sujet est assez extraordinaire puisque c'est l'histoire d'un type qui est cocufié par Dieu. Le remake a été réalisé par Neil Jordan, un homme que je respecte à cause d'un immortel panoramique de haut en bas dans *Crying Game*. La caméra descend du visage d'une femme à son sexe... qui est un sexe d'homme. Un plan impressionnant ! Donc Neil Jordan a mis en scène la seconde version de *La Fin d'une liaison* et par rapport au film de Dmytryk, tout est meilleur, excepté le choix de l'actrice Julianne Moore qui n'est pas mauvaise, mais dont le physique ne correspond pas au rôle. Ce n'est pas une question de contre-emploi c'est une question de contre-physique. Souvent, il arrive que ce ne soit pas les comédiens qui sont mauvais. Simplement ils n'ont pas le bon physique. Pour donner un exemple imbécile, on ne peut pas demander à Mimie Mathy d'incarner le géant du *Voleur de Bagdad* !

Pour revenir au travail d'Aurore, minutieuse minuteuse, il me permet à la fin du tournage d'arriver à son minutage initial. C'est d'une précision incroyable ! Ce qui paraît moins précis, c'est la date de notre rencontre. Personnellement je penche pour l'année 1953 sur la plate-forme de l'autobus 38. Elle affirme que c'était en 52. Peu importe, puisque je ne l'ai pas revue jusqu'en 1967 lors du tournage des *Biches*. Elle m'avait été recommandée par mon équipe photo Jean Rabier et Claude Zidi. Elle venait d'avoir Cécile, et est devenue mon assistante. Puis elle est tombée malade, et je l'ai reperdue. Dommage, on s'entendait très bien, on s'amusait beaucoup ! Trois ans plus tard, le producteur André Génovès, avec lequel je travaillais à l'époque, me demande de le dépanner sur le tournage des *Novices* avec Brigitte Bardot et Annie Girardot. Le metteur en scène Guy Casaril avait eu un accident de voiture, et Génovès ne voulait pas perdre une journée de travail. Je vais donc tourner une scène sur ce film, et là je rencontre la scripte, Aurore ! À la fin de la journée, un copain m'enferme avec Aurore dans le coffre de sa voiture. On rigole. Il n'y avait qu'à attendre. Après tout, nous n'étions pas enlevés ! Il n'y avait pas de quoi s'affoler ! Et puis, être enfermé dans ce coffre de voiture m'enchantait. Je me sentais bien aux côtés de cette femme. Nous parlions de tout, de notre vie, de nos amis, de son travail. Je lui racontais mon prochain film *Juste avant la nuit*.

Dans la foulée nous avons retravaillé ensemble. Et lors du tournage suivant *La Décade prodigieuse*, je lui ai avoué mon amour. Nous étions en 1971. Je me suis ainsi trouvé dans la situation qui ne m'enchantait pas : une épouse d'un côté, une maîtresse de l'autre. Il faut dire que Stéphane Audran avec laquelle j'étais marié m'avait fortement encouragé. Lui ayant demandé de venir sur le tournage en Alsace, elle m'avait répondu qu'elle ne pourrait pas se déplacer, tout en ajoutant : « Si tu te trouves seul, tu n'as qu'à baiser la scripte. » Elle ignorait bien sûr jusqu'où cette situation pouvait nous amener. Ainsi, lentement mais sûrement et en toute amitié, nous nous sommes séparés. J'ai commencé à vivre avec Aurore, et nous nous sommes mariés en 1983.

Je crois avoir été le premier cinéaste en activité à travailler pour la télévision. L'idée de Philippe Baraduc (un ami d'Aurore) était d'adapter des nouvelles de Henry James. Nous étions en 1973. Il s'agissait de réaliser des films de cinquante-deux minutes en une vingtaine de jours. Le projet m'a paru jouable, car le rythme de James est assez lent, ce qui pouvait me permettre de mettre en boîte de nombreuses minutes chaque jour. Beaucoup plus en tout cas qu'au cinéma. Après ces cinquante-deux minutes nous sommes passés au format du quatre-vingt-dix minutes. De Henry James j'ai enchaîné avec *Fantômas* qu'il fallait tourner en vingt-six jours. Pour le deuxième *Fantômas, Le Tramway fantôme*, nous nous sommes rendus à Vienne, en Autriche. Je n'ai pas aimé cette ville entièrement tournée vers le passé. Voulant m'en aller le plus vite possible, j'ai accéléré le rythme. Ainsi lors d'une scène assez longue dans un tramway, nous sommes partis à 18 heures et revenus à 20h30. Le directeur de production pensait que nous n'avions tourné qu'un seul plan. Pas du tout ! J'avais réalisé la totalité de la séquence qui comportait dix-huit ou vingt plans !

Les gens s'extasient aujourd'hui à propos des caméras numériques. Certes le procédé est vraiment intéressant. Aucune discussion à ce sujet. Mais je n'ai jamais vu, dans des productions réalisées en numérique, des angles qui auraient été impossibles à trouver avec une caméra normale. Je suis toujours étonné d'entendre des gens affirmant avoir découvert des choses qui existent depuis cinquante ans. Sans doute, n'ont-ils pas vu suffisamment de films muets ! Presque tout a été inventé à cette époque, même la caméra à la main ! Sauf le son, bien entendu !

Je fus très fier d'avoir tourné une adaptation faite par Roger Grenier de *Affinités électives* de Goethe.

Il s'agissait d'une commande de la télévision allemande pour commémorer le centième anniversaire de la mort du grand écrivain. On a tourné en Tchécoslovaquie, là où il avait écrit son œuvre, avec des acteurs tchèques, allemands et français. Chacun parlant sa langue, personne ne se comprenait. Aussi je me mettais suffisamment près des comédiens pour qu'ils puissent, à l'aide de petits coups sur la cuisse, signifier à l'autre que son texte était terminé. Malgré tous ces inconvénients, je n'ai pas été trop mécontent du résultat. Ce qui m'a vraiment amusé, c'est d'avoir tourné en vingt-cinq jours ce que Goethe avait mis vingt-cinq mois à écrire.

Toujours pour la télévision, j'ai tourné deux *Lavardin* avec Jean Poiret, qui s'ajoutaient aux deux films réalisés pour le cinéma. Et pour clore ce chapitre « petit écran », je me suis amusé, sur une idée de Christian Fechner, à présenter *Sueurs froides*. Il s'agissait de différentes nouvelles d'un seul auteur, Gilles Thomas, qui étaient réalisées par des metteurs en scène dont le nom ne brillait pas encore au fronton des cinémas. Comme Claire Devers, Hervé Palud, José Pinheiro. Cette série avait obtenu un vrai succès, puisqu'elle a comporté dix-huit numéros. Je me contentais de faire un speech au début et à la fin de chaque film, style *Alfred Hitchcock présente*. Et aussi d'apparaître dans un petit rôle qui me demandait deux ou trois jours de tournage.

Pour apprécier la télévision, il est nécessaire d'avoir la bonne distance. Pour voir *L'Aurore* de Murnau – sans doute le plus beau film du monde – l'état d'esprit ne peut être le même qu'en regardant le *Bigdill*. Le téléspectateur doit changer ses motivations. Pour que le public ne s'abrutisse pas devant le petit écran, j'ai un truc ! Au lieu de s'installer dans un fauteuil, il est préférable d'en préparer deux. Selon l'émission que l'on regarde on s'installe dans l'un ou l'autre. Un fauteuil pour le *Bigdill*, un fauteuil pour Murnau. Il s'agit là d'une manière plus aiguë de regarder la télé !

Ceci étant, la télé continue à régresser, ce qui donne à réfléchir sur l'inanité de l'être humain. À quelques exceptions près. Même si des efforts sont faits régulièrement, on distingue un manque d'ambition évident, une volonté d'obéir à des recettes éprouvées. Le fait de faire appel à de soi-disant « docteurs » qui soignent les scénarios n'a comme résultat que de foutre la vérole aux enfants. Je tire toutefois mon chapeau aux réalisateurs qui font les téléfilms. Ils ont vraiment la foi. Car tourner en si peu de jours, la manière monstrueuse avec laquelle les scénarios leur parviennent, la différence entre la première mouture – la plupart du temps la bonne – et la dernière qui ne vaut pas un clou, les condamnent, malgré leur talent, à un terrible anonymat.

Je passerai rapidement sur mes activité de comédien qui se sont exercés principalement dans des courts métrages de gens un peu fauchés. Une de mes premières prestations dans un film de long métrage fut dans *Les Menteurs*, d'Edmond T. Gréville. J'ai enfin atteint mon heure de gloire dans le dernier film de Pierre Zucca *Alouette je te plumerai.* J'y tenais le rôle principal avec Fabrice Luchini. J'ai vaguement l'impression qu'il me faisait un peu la gueule, mon rôle étant plus important que le sien ! À ses côtés se trouvait une jeune fille très mignonne, Valérie Allain, dont j'ignore ce qu'elle est devenue. Je garde de ce tournage une excellente impression. Sauf que je me trouve très mauvais. À chier ! Je ne m'engagerais pas pour tourner un tel rôle ! J'en fais des tonnes... autant qu'Alice Sapritch !

Mauvais comédien ! Quand je pense aux talents de Ugo Tognazzi ou de Cary Grant. Ce sont des gens qui me laissent pantois ! Ils donnent l'impression d'en faire beaucoup, alors qu'ils n'utilisent aucun effet facile. Ce sont des qualités qui nécessitent un grand travail. Contrairement à ce que l'on pourrait croire, le grand comédien est toujours à la recherche du geste juste. Un exemple entre mille : dans *Les Enchaînés*, Cary Grant fume ses cigarettes sans les prendre entre deux doigts comme le font la plupart des gens. Il les pince entre le pouce et l'index. Hitchcock m'a expliqué qu'il s'agissait d'un geste dont Cary Grant avait eu l'idée. Jouant le rôle d'un agent secret, effectuant de nombreuses « planques », il cachait ainsi sa cigarette dans le creux de la main. Je trouve formidable qu'un comédien soit à ce point pénétré de son personnage. Il préfère exprimer ses sentiments par de petits gestes plutôt que grimacer.

Il arrivait même à être vraisemblable dans le film de Clifford Odets *Rien qu'un cœur solitaire* où il interprétait un prolétaire un peu limite. Il fallait une scène pour s'y habituer. Ensuite, il devenait épatant. C'est vraiment un acteur qui possédait la grâce.

Ce qui n'est pas donné à tout le monde. Même James Stewart peut être médiocre quelquefois. Dans *Sueurs froides*, il n'est vraiment pas très bon. Et Kim Novak est franchement mauvaise. Hitchcock s'en était d'ailleurs aperçu, et il a inventé cette fameuse scène où la caméra se met à tourner. Il lui fallait compenser la faiblesse des comédiens. Grâce à sa virtuosité, il a réussi à en faire un moment d'anthologie.

La musique a toujours revêtu une grande importance pour moi. J'ignore si je serais capable de faire une comédie musicale. Par contre, ce dont je suis certain, ce serait de réaliser un opéra meilleur que le *Carmen* de Francesco Rosi. Ce film est une vraie honte. Je crois qu'à aucun moment il n'y existe une seule seconde de sens de la mesure et du rythme. Comme il n'y aucune adéquation entre le tournage et la musique, il ne peut y avoir d'adéquation entre la musique et le spectateur. C'est n'importe quoi, pitoyable ! Rosi aurait mieux fait de voir quelques comédies musicales. Pas seulement *Chantons sous la pluie*, mais même *West Side Story* qui n'est d'ailleurs pas ma tasse de thé absolue. Car si l'histoire – succédané de *Roméo et Juliette* – me paraît un peu lourdaude, il y a tout de même une tentative de soumettre la forme du film à la musique. Ce qui est la moindre des choses. Sinon, ce n'est pas la peine de se risquer dans de semblables aventures. La *Tosca* de Benoît Jacquot, même avec ses erreurs, est beaucoup mieux que cette absurde *Carmen* de Rosi. Le reproche que je pourrais adresser à Benoît Jacquot, c'est d'avoir voulu réaliser deux choses à la fois. Ingmar Bergman avait déjà fait la même erreur dans *La Flûte enchantée*. Tourner d'une part l'opéra, puis la représentation de l'opéra, cela dénote une peur qui oblige à se dédoubler, ou se déguiser. Mais, parallèlement, il y a chez Jacquot une vraie sensibilité à la musique. C'est cela qui touche, qui émeut.

La musique est sûrement l'un des points les plus sensibles de la nature humaine. Elle permet de ressentir des intuitions, des sensations. C'est très féminin. Si la musique est un mot féminin, ce n'est pas par hasard. Pour expliquer ma pensée, je pense au *Premier concerto pour piano et trompette* de Chostakovitch. Dans le deuxième mouvement, il existe une structure à la fois mélodique et rythmique assez compliquée, qui arrive jusqu'à un court silence. Après cela, une note de piano. Une seule. Et c'est elle que l'on avait envie d'entendre, qui est le nœud de tout. C'est très mystérieux. À moins d'être un abruti des alpages, tout le monde le ressent. Il s'agit là d'un mystère qu'on ne trouve dans aucun autre art. J'adore le minimalisme. Aussi je trouve que procurer une vraie sensation avec rien, c'est beaucoup plus beau et plus fort qu'utiliser un déploiement d'effets gigantesques. L'utilisation du minimalisme peut être formidablement efficace. Ça doit exister en peinture, mais c'est plus difficile à ressentir. En musique, on l'éprouve immédiatement. Une simple petite note. On sent que c'est la bonne, qu'il ne peut pas y en avoir une différente. Toute autre chose au monde serait moins bien que cela. C'est fantastique !

Pour rester dans le domaine musical, j'ajouterai que Schubert et Debussy sont deux de mes compositeurs préférés. Schubert est un mélodiste. Debussy est un musicien. Cette légère nuance provient du fait que chez Debussy on trouve un assemblage de timbres ou d'intervalles, alors que Schubert est une sorte de génie mélodique. Ce que j'aime par-dessus tout, c'est qu'ils n'ont pas besoin, pour s'exprimer, d'utiliser le moindre effet.

Au cinéma, je préfère Alain Cavalier à Cecil B. de Mille, tout en respectant ce dernier. J'avoue avoir un grand faible pour la purification des choses. Dans la musique de films, je pourrais scinder cette catégorie en deux parties. La musique d'accompagnement et la musique de complément. La musique d'accompagnement est celle de Max Steiner, le compositeur de *Autant en emporte le vent*. À son propos, Bette Davis a prononcé une phrase désormais célèbre : « Je veux bien monter l'escalier, à condition que Max Steiner ne le monte pas en même temps que moi. » Pourtant, il est difficile de ne pas admettre que la musique de *Autant en emporte le vent* soit réussite. Il paraît impossible d'imaginer ce film sans une musique redondante, puisque le film lui-même est redondant. C'est d'ailleurs l'une de ses qualités.

Personnellement, je préfère rechercher une musique qui complète l'idée, soit de la séquence, soit d'une sensation, mais qui ne soit pas une illustration de ce que l'on voit. C'est ce que mon fils Matthieu a bien compris. C'est pour cela qu'il ne veut pas voir le film avant d'écrire. Il préfère composer selon ce qu'il a ressenti à la lecture du scénario. Il arrive avec des pièces que je peux assembler. Je lui envoie auparavant des petits mots pas explicatifs, mais des cailloux, comme le Petit Poucet, pour qu'il suive bien ma démarche. Sans la lui expliquer. C'est toujours meilleur quand on trouve soi-même. Comme pour les acteurs. Ils sont plus justes et naturels que lorsqu'on doit leur expliquer chaque mouvement.

Le travail de Matthieu est de mieux en mieux. Il est simple et précis par rapport à ce que je veux exprimer. Dans *La Fleur du mal*, le générique de fin a une importance dramatique. Matthieu a repris une petite pièce de piano qu'il avait composée à sept ou huit ans. Il l'a orchestrée et s'en est servi pour le générique. Il s'était aperçu que ce morceau de musique composé presque dans son enfance correspondait musicalement à ce que je voulais faire ressentir aux spectateurs.

C'est un vrai bonheur de travailler avec le même musicien. On se comprend à demi-mot. Pas besoin d'explications. Hitchcock a toujours travaillé avec Bernard Hermann, Spielberg avec John Williams, Claude Sautet a eu en Philippe Sarde un compositeur attitré.

J'ai une tendance à m'entourer des mêmes collaborateurs. Quand je me suis bien entendu avec quelqu'un humainement et sur le plan du travail, je ne vois vraiment pas la raison pour laquelle je changerais. Je me demande même si je n'éprouve pas une légère préférence pour les rapports humains par rapport au résultat. Par chance, je n'ai jamais eu de vrais problèmes avec quiconque. C'est ainsi qu'on fabrique une équipe.

Si je puis me permettre d'ajouter mon grain de sel au problème qui préoccupe nos dirigeants, nos institutions, notre CSA, nos groupements familiaux et religieux, c'est-à-dire la violence et le porno, je dirais que je préfère le porno à la violence. Cependant, il arrive que les deux genres se confondent. Dans les quelques films porno que j'ai pu voir, l'impression de machisme m'a toujours effaré. Une seule fois, j'en ai regardé un par curiosité pure. Il était tourné par une femme. Allais-je y trouver une différence fondamentale ? Non, c'était pareil ! L'humiliation féminine ! Comme si le genre impliquait cela !

Sans doute, ces films s'adressent particulièrement aux hommes. Mais je suppose qu'il doit bien exister des pendants féminins ! Bien que les hommes soient plus obsédés par le sexe. Être un bon baiseur fait partie de l'attirail masculin. Les femmes cherchent plus à séduire et je suis sûr – bien qu'il n'y ait pas de règle générale – que si elles pouvaient éviter de baiser, elles ne seraient pas contre.

En fait la règle veut qu'un film devienne pornographique lorsqu'il y a pénétration. Faux ! Je connais trois films où les acteurs ont vraiment fait l'amour pendant le tournage sans que le public ne s'en aperçoive. Dans ce cas le film n'entre pas dans la catégorie pornographique ! Et pourrait-on considérer un film comme pornographique si l'habileté du réalisateur est telle que, sans pénétration, le spectateur a l'impression qu'il y a réellement pénétration ?

Le sexe est l'un des domaines où les gens sont le plus pointilleux. Car les hommes veulent être, dans leur majorité, aussi tranchants qu'une épée, tandis que les femmes rêvent d'être des foudres de passion auxquelles rien ne résiste. Des Lucrèce Borgia, en quelque sorte. Alors que la plupart du temps ils ne sont ni l'un ni l'autre, et vivent tranquillement leur sexualité comme ils prennent leur petit déjeuner ! Et pourtant, le cinéma doit fabriquer des rêves. Les rêves érotiques font partie de notre art. Mais jusqu'où peuvent-ils aller ? Personnellement, la passion que j'éprouve pour les femmes en général, et la mienne en particulier, est une passion où le sexe n'entre que pour cinquante pour cent.

Le problème est plus complexe concernant la violence. Quelle est la vraie violence ? Sûrement pas la violence réellement violente, nullement attirante, qui dégoûte. Ce qui est terrifiant, c'est la violence poétisée. Il faut la fuir ! Le spectateur peut avoir l'impression que c'est plus poétique que violent.

Faux ! C'est l'inverse ! Le cinéaste qui filme la mort dans des ralentis impressionnants, qui la transforme en chorégraphie, fait un acte de violence pure.

On a trop tendance à abrutir le spectateur au lieu de lui donner le goût de la réflexion. La violence, c'est cela aussi. La volonté d'abrutissement du spectateur. La pub en est un parfait exemple. On se plaît à raconter n'importe quoi, en faisant croire que tout cela est vrai ! Personnellement, j'ai dû faire une quinzaine de pubs. C'est peu, par rapport à certains cinéastes qui tournent plus de pubs que de films ! L'exercice est assez amusant lorsqu'on peut faire ce qu'on veut. Mais c'est rare ! La plupart du temps, on est entouré d'une quinzaine de connards. Le plus grand nombre de cons au mètre carré ! Ils veulent exister et formulent des suggestions totalement imbéciles ! Lorsqu'on est de bonne humeur, on peut en rigoler l'espace d'un instant. Mais si on se dit « je dois remettre ça demain avec la brillantine X, après l'avoir fait avec le cirage Y », c'est à devenir fou !

Soyons sincères ! Le seul intérêt de la pub, c'est le pognon. Le plus souvent trois jours de tournage suffisent. Mais comme je tourne vite, je n'avais pas réellement besoin de tout ce temps. Inutile de faire cinquante prises de la bonne femme qui nettoie les chiottes. Les décisionnaires trouvaient que je bâclais un peu le travail !

Je suis très fier d'une pub que j'avais faite sur les cigarettes Winston. J'avais engagé le sosie d'Humphrey Bogart. Je l'avais vu dans le film de Woody Allen *Prends l'oseille et tire-toi.* C'est la seule fois où Woody Allen m'aura servi à quelque chose ! Le film était accompagné d'une musique à la Max Steiner. Lorsqu'il était projeté dans les cinémas habituellement restés à moitié allumés pendant les pubs, on éteignait la salle, comme s'il s'agissait d'un grand film !

Je suis un téléspectateur assidu. J'y trouve des programmes qui peuvent rendre le public plus intelligent, et d'autres dont le principe essentiel est de l'abrutir. Il est regrettable que l'on appuie plus souvent sur le mauvais bouton. Quel bonheur ce serait si un média éveillait l'esprit des gens ! L'usine à rêves, à gagner du fric, fonctionne à tout va. Des candidats qui ignorent les faits les plus élémentaires empochent quarante-huit mille euros dans *Qui veut gagner des millions.* J'ai vraiment l'impression que ceux qui ne savent pas grand-chose sont choisis en priorité.

Cependant la télévision, dans ses différents langages, peut contenter toutes sortes de spectateurs. Films de télévision, grands reportages, feuilletons, programmes pour la jeunesse, variétés sont souvent d'une qualité au moins égale à la moyenne.

Il suffit de chercher dans un bon magazine pour trouver son bonheur. J'ai présenté, il y a peu de temps, six émissions qui reflétaient trente ans de télévision. Souvenirs, souvenirs… La nostalgie était au coin de l'écran. Chacun pouvait y retrouver un bout de sa jeunesse. L'impact de la télévision est incroyablement fort. Même lorsqu'un feuilleton fait sourire lors de sa diffusion, il devient beaucoup plus tard un fragment de la mémoire collective. Prenez le cas de *La Demoiselle d'Avignon*. Le titre seul évoque des moments vécus, tristes ou gais. Marthe Keller et Louis Velle formaient à l'époque le couple français le plus populaire. Trente ans après, leurs visages sont encore gravés dans chacun de nous. Il suffit d'avoir à son compteur au moins cinquante bougies !

Je l'ai déjà écrit. J'aime lire. Il ne peut y avoir de jour sans que j'ouvre un bouquin. Et cela, depuis mon enfance. La littérature française du XIX^e^ siècle, les romanciers anglo-saxons du XX^e^ siècle sont certainement ceux qui m'apportent le plus de bonheur.

L'Histoire me passionnait lorsque j'étais enfant. Ensuite les profs, au lycée, m'en avaient lentement mais sûrement dégoûté. Lorsque je suis entré à la Sorbonne, j'ai étudié l'histoire contemporaine et cette passion m'a repris. Ça nous aide à prendre du recul sur les événements actuels, à être plus lucides. J'ai la tête remplie de bobards, de fausses nouvelles qui ont parcouru les siècles. Il est impossible, même pour un agrégé, de tout connaître en Histoire. C'est illimité. On plonge dans l'infini. Par contre, il est possible de tout connaître en géographie, car le savoir est limité au Globe.

J'ai déjà évoqué l'importance qu'a eue Hitchcock lors de mon passage aux *Cahiers du Cinéma*. Je l'ai d'abord connu par la sensation que ses films me faisaient éprouver. Le premier que j'ai vu fut *L'Ombre d'un doute* avec Joseph Cotten. À ma grande surprise, les critiques, sans être mauvaises, avaient un petit côté méprisant. C'est ainsi qu'en juillet 49, nous nous sommes étonnés, avec François Truffaut et Éric Rohmer, de constater que certains ne voyaient pas la même chose que nous. Sans considérer Hitchcock comme le cinéaste qui se trouve au-dessus de tous les autres – je ne pense pas qu'il soit supérieur à Fritz Lang ou à Murnau – j'étais scandalisé qu'on le tienne simplement comme un habile fabricant de films. Cela nous a poussés à l'habiliter. Ce qui fut également le cas envers Howard Hawks. C'est ainsi qu'est né ce numéro spécial des *Cahiers* consacré à Hitchcock. L'idée de base consistait à prouver que la force du cinéma était de rendre des plans tellement signifiants qu'ils avaient un sens au-delà même de l'intrigue. Dans le scénario d'Hitchcock on peut trouver des trous comme dans le gruyère. Mais le but du cinéaste est de privilégier des plans totalement significatifs. Des plans qui paraissent inutiles ou gratuits sont l'essence même de son art. D'autres qualités sont évidentes chez Hitchcock. Par exemple il donne une véritable épaisseur, une densité, à des personnages secondaires. Ainsi dans *Frenzy,* qui fut son avant-dernier film, on voit le malheureux Jon Finch qui est poursuivi. Il s'assied sur un banc. Quelqu'un lui fait signe d'une fenêtre. Ce sont des amis qui l'ont reconnu. Il échange quelques banalités avec l'homme et la femme. Et, par la virtuosité du texte et la manière dont les gens sont filmés, on comprend qu'il a couché avec la femme, que le mari l'ignore et qu'elle a une folle envie de le lui dire. Tout cela sans qu'un mot ne soit prononcé. Le spectateur comprend qu'il y a une situation. Le déclic se fait lorsque la femme s'assoit dans un divan, croise les jambes, pas trop haut, et tend ses deux bras comme si elle se trouvait entre deux hommes. Voilà un plan complètement signifiant. Tout cela me fascine.

J'ai connu Hitchcock lorsqu'il était venu à Paris pour travailler la synchro de *La Main au collet*. Il avait donné une conférence de presse à l'hôtel George-V où il faisait son numéro de joyeux auteur de polars. J'étais à l'époque aux *Cahiers*, et nos rapports se résumaient à ceux d'un journaliste qui posait des questions et l'autre qui lui répondait. Quelque temps plus tard, nous l'avons revu avec François Truffaut dans le but de réaliser un long entretien. Nous étions au studio de Saint-Maurice. Hitchcock parlant avec Brigitte Auber, qui tournait dans *La Main au collet*, nous demanda d'aller l'attendre au bar. C'était l'hiver. Il y avait de la neige partout. En passant près du bassin de Saint-Maurice, François et moi glissons dans l'eau glacée. On nous amène des serviettes pour nous sécher, lorsque Hitchcock arrive en rigolant. À ce moment, une habilleuse se précipite sur nous et nous demande si on était de la chnouf. La situation frisait le ridicule. On ne comprenait rien à ce qui se passait ! Nous ignorions que sur un plateau voisin, Henri Decoin tournait *Razzia sur la chnouf*. Nous répondons « non, non ! ». Et François commence à sécher le magnétophone, avant de le brancher. Un court-jus ! Le magnétophone saute. Le sentiment du ridicule nous atteint François et moi. Hitchcock, dans un fou rire, a la gentillesse de nous fixer un rendez-vous pour le lendemain. Cet épisode l'avait follement amusé. Plus tard, il m'a dit en rigolant : « Je pense à vous chaque fois que je prends un whisky "on the rocks". »

Après notre entretien, une sympathie s'est établie entre nous, d'autant que quelque temps après,

François et moi sortions de l'anonymat en tournant nos films. Ces entretiens se poursuivirent avec le fameux livre *Hitchcock-Truffaut*. Il y eut d'autres rencontres importantes, avec Jules Dassin notamment. En approfondissant les problèmes du cinéma avec ces metteurs en scène, l'idée d'en faire moi-même s'en trouvait confortée.

Le cinéaste qui m'a le plus impressionné est Fritz Lang. Je ne suis pas le seul dans ce cas. Hitchcock a été très influencé par le cinéma de Lang. Chez Lang, c'est le style lui-même qui est signifiant. Sa manière de tourner implique une vision du monde. L'une des plus belles trouvailles de Jean-Luc Godard est d'avoir fait jouer son propre rôle à Fritz Lang dans *Le Mépris*. C'est une idée magnifique ! Une vraie réussite ! Il est d'ailleurs facile de reconnaître les réussites de Jean-Luc. Il suffit de voir ses films qui ont marché. Je citerai le trio *À bout de souffle*, *Le Mépris*, et *Pierrot le Fou*. Le seul qui ait été un peu sous-estimé est *Une femme est une femme*, un très joli film interprété par Jean-Paul Belmondo et Anna Karina.

Paul Gégauff est mort en 1983. Ce fut un homme indispensable. Il m'a lavé le cerveau, dans le bon sens du terme. C'est la raison pour laquelle je désire en reparler. Il était très destructeur. Il détruisait aussi bien les autres que lui-même. Tout ce qui pouvait éroder les gens, au contraire, me faisait briller. En fait, ça me récurait. Grâce à lui, je me suis débarrassé d'un restant d'austérité. Il m'a aidé à comprendre que je vivais dans un univers dont je n'estimais pas particulièrement les contours et où je croyais être obligé d'évoluer.

François Truffaut a toujours eu peur de Gégauff. Peut-être était-il trop dur pour lui, dont les problèmes existentiels se révélaient plus graves que les miens. Par contre Gégauff était très lié avec Éric Rohmer. Malgré cela, Éric et moi, chacun avec son tempérament, nous nous sommes dégagés de son influence. Gégauff m'a raconté cette histoire que je trouve superbe. Nous étions dans les années 70. Il habitait près de Pontoise. Il reçoit un coup de fil de Rohmer. « Il faut que je te voie ». Comme il ne conduisait pas, sa femme Danièle va le chercher. Ils se mettent à table, et pendant le déjeuner, Rohmer s'adresse à Gégauff et lui déclare : « Je vais te dire quelque chose : je ne subis plus ton influence. » Il lui en aura fallu du temps et de la réflexion pour arriver à cette conclusion. Pour devenir un homme libre. Subir l'influence de quelqu'un de talentueux, c'est bien, à condition de savoir, à un certain moment, s'en débarrasser.

Gégauff a tourné un film comme réalisateur, *Le Reflux ou l'envers au paradis,* qui se passait à Tahiti.

Il a trouvé plus distrayant d'aller à la pêche pendant qu'un type qui avait un bar à « tapas » tournait à sa place. Le bar s'appelait « A la Alegra Gamba », « À la crevette joyeuse ». Ça ne s'invente pas ! *Le reflux* n'a jamais eu de distributeur. Par contre, Gégauff a fait l'acteur dans mon film *Une partie de plaisir*. Cela se passait à l'époque où Paul et sa femme Danièle venaient de se séparer. Danièle était partie avec un nommé Stéphane Tolgachief, pendant que Paul se retrouvait avec la femme de Tolgachief. Un échange de bons procédés, un chassé-croisé. Cependant Paul, ayant envie de reconquérir sa femme, avait écrit *Une partie de plaisir*. Il me suggéra le nom de Jean-Louis Trintignant comme interprète principal. « Bonne idée, lui dis-je, mais ce serait encore plus fort si tu le jouais toi-même ». L'idée me vint alors de proposer le rôle féminin à Danièle. Comme elle avait vaguement envie d'être actrice, elle finit pas accepter. Elle avait déjà tourné un petit rôle dans *Les Godelureaux*. C'était une brune avec des yeux magnifiques. Au bout de quinze jours, elle me dit : « Je crois savoir pourquoi Paul voulait que je tourne. Parce qu'à la fin du film on se retrouve dans un cimetière où il doit me rouer de coups. » Pour la tranquilliser, j'ai changé le plan de travail et nous avons tourné très rapidement la scène. Paul donnait des coups de pied sur du sable. Elle faisait semblant de crier. Tout s'est bien passé. Malgré cela, Paul n'a pas pu reconquérir Danièle, et le film n'a en rien modifié leur existence. Ce fut un bide terrible, malgré une scène qui faisait mes délices. Celle où il obligeait sa femme à lui lécher les pieds ! J'interrogeais Danièle : « Ça va ? » Et elle me répondait : « Ça va ! Il me l'a fait faire ! »

Godard, Truffaut, Isabelle Huppert. L'amitié ne se décline pas toujours de la même façon. Je n'aime pas m'imposer. Je téléphone rarement. Si on a besoin de moi, je suis présent. Avec Truffaut, on se rencontrait et on était heureux de se voir. La dernière fois que nous avons déjeuné ensemble, nous étions aux studios de Billancourt où il faisait les finitions du *Dernier Métro*. Sa maladie progressait. Il mangeait très peu. Il m'a dit : « Tu bouffes comme un morfale. » J'ai acquiescé. Il a ajouté : « Moi, ça ne m'intéresse plus. » Il recommençait à avoir des maux de tête. Cette souffrance, il l'avait connue lorsqu'il était jeune, et ça lui était passé. Et maintenant la douleur revenait. Il me demanda si j'aimais toujours les cigares. « Bien sûr ! » Il m'en a passé une boîte « parce que moi je ne fumerai plus ». Pendant que je tournais *Le Sang des autres*, il m'a envoyé un petit bouquin en japonais. C'était un recueil de nos articles des *Cahiers*. Je lui ai promis d'apprendre cette langue pour vérifier la justesse de la traduction.

Avec Jean-Luc Godard, les rencontres sont rares. Il vit en Suisse. Lorsque je tournais à Lausanne, Isabelle Huppert l'avait appelé en lui demandant de venir nous voir. Il a refusé, prétextant que ça m'ennuierait autant qu'il le serait si j'arrivais sur un tournage à lui ! Il passe son temps à dire du mal des autres. Peut-être à cause de la fâcherie qui avait éclaté entre lui et Truffaut. Tout cela ne devait pas être bien grave, puisque à la mort de François, il a écrit un article bouleversant dans les *Cahiers*.

Isabelle Huppert, depuis *Violette Nozière*, est ma complice. Nous ne nous sommes jamais trahis, notre comportement l'un vis-à-vis de l'autre a toujours été normal. À aucun moment je n'ai ressenti la moindre réticence, la plus infime agressivité dans nos rapports. Il doit falloir une bonne dose de provocation pour ne pas s'entendre avec elle.

À l'exemple de Paul Gégauff qui préférait les défauts de ses amis à leurs qualités, je dirais à propos d'Isabelle – pour qui j'éprouve une réelle amitié – que ses défauts m'amusent follement, presque plus que ses qualités. J'ai très envie de retravailler avec elle. De lui confier le rôle d'un juge d'instruction qui prend goût au pouvoir.

L'amitié est un sentiment rare. Et grave. Lorsqu'on donne son amitié à quelqu'un, il faut être sûr de pouvoir lui accorder ce dont il peut avoir besoin. Les gens confondent souvent amitié et sympathie. Avec mon producteur Marin Karmitz – nous avons déjà fait six films ensemble – l'amitié est en train de naître. Bien qu'à l'heure où j'écris ces lignes, il me fasse la gueule. Je travaille avec lui depuis 1985. Une belle fidélité ! Pour mon dernier film, je lui ai demandé de me « libérer » pour tourner avec un autre producteur. Il a d'abord boudé, puis il a accepté, et ensuite cette situation l'a violemment contrarié. C'est désolant ! Il m'est difficile, à mon âge, de me sentir attaché de quelque manière que ce soit. Je tournerai à nouveau avec Marin s'il le désire. Sinon, je travaillerai avec d'autres producteurs.

Mon rapport avec le producteur est très simple. Il amène le pognon. Je fais en sorte qu'il le récupère. De plus, j'admets volontiers qu'il fasse quelques réserves au niveau du scénario. Il peut me signaler qu'à tel moment il a détecté une longueur. Si je ne possède pas une réponse immédiate, c'est sans doute qu'il a raison. J'ai une espèce de règle en matière de cinéma : si je peux expliquer ce que je fais, vous pouvez le comprendre. J'aime bien que les producteurs viennent à la première projection, je suis sensible aux petits détails qu'ils remarquent. J'écoute avec soin, et, en règle générale, je fais plus attention à leurs sensations qu'à leurs remèdes.

C'est un peu comme avec le Parti communiste. J'ai toujours fait extrêmement attention à leur diagnostic, mais jamais à leur ordonnance.

Les rapports entre un cinéaste et la critique sont toujours difficiles à définir. Personnellement, je crois avoir trouvé la solution. Quiconque fait une bonne critique est considéré comme un bon critique. Dans le cas contraire, c'est un mauvais critique ! Ce jugement peut différer après chaque film. Donc le journaliste qui m'a éreinté n'a pas besoin de changer de trottoir quand il me voit. Je resterai avec lui aussi affable. Je le considérerai simplement comme un mauvais critique. Jusqu'à ce qu'il fasse un bon « papier » sur un autre de mes films. Mon jugement sera alors différent, tandis que mon comportement avec lui restera le même.

Je dois préciser qu'il m'est arrivé de lire de mauvais « papiers » plus constructifs, plus intéressants que les articles chantant mes louanges. Il est probable qu'une accumulation de mauvaises critiques compromet le succès d'un certain genre de films, dont les miens. Cependant, je ne partage pas l'opinion de Claude Lelouch, lorsqu'il déclare : « Je n'ai rien contre les critiques, mais il faut reconnaître qu'ils sont un peu infirmes. » C'est assez drôle, mais il faut préciser que Lelouch a bien souvent été éreinté dans la presse. Une autre phrase très belle fut écrite par Hitchcock au critique du *New York Times* qui avait dit pis que pendre à propos de *L'Inconnu du Nord-Express.* Quinze jours après, alors que le film marchait très fort dans les salles, Hitchcock envoya un petit mot au journaliste : « Cher ami, après avoir lu votre critique, c'est en pleurant que je suis allé à la banque toucher mes dividendes. »

J'adore rire. Je ne fais que ça. Les motifs sont innombrables. Étant très optimiste de tempérament, le rire face à l'absurdité m'enchante. Par exemple, je suis devant ma télé. Je zappe. Je tombe sur un reportage qui évoque toute la douleur du monde. Je change de chaîne. Et je vois une pub qui vante la saveur du foie gras. Cela déclenche chez moi un éclat de rire terrible. En dix secondes, j'ai été le témoin de toutes les contradictions de notre société. Il suffit d'un petit geste et hop ! On passe de la faim qui décime des pays entiers à la célébration de produits de luxe !

Les gens qui n'aiment pas manger se privent d'un vrai plaisir. À ma connaissance, « bouffer » est la seule chose agréable que l'on puisse faire deux fois par jour. On peut se régaler, tout en étant en bonne compagnie. Il ne faut pas prendre cela à la légère. Il existe un merveilleux roman de Queneau qui s'appelle *Les Fleurs bleues*. Le personnage principal ne se met en colère qu'une fois par jour. Quand il bouffe. Parce qu'il bouffe mal ! Il dit alors : « Encore un repas de foutu ! » Il faut aimer goûter, boire, sentir. J'ai du mal à comprendre un être humain qui ne profite pas de ses cinq sens.

Je m'intéresse à la politique, mais sans trop d'illusions. Je suis toujours étonné que des gens acceptent de travailler pour les autres, dans le but d'aider nos concitoyens. Si cela est leur objectif, il faut admettre qu'ils ne sont pas très bons. J'en déduis que faire de la politique est un métier très difficile, très compliqué. Les paramètres sont si nombreux qu'il semble impossible de prévoir ce qui va se passer. Ce qui oblige nos hommes politiques à travailler à l'intuition. Il faut se présenter devant les électeurs, leur raconter des « craques », leur dire la vérité, être disponible 24 heures sur 24. Je ne parle pas des députés de base qui sont, en plus, obligés d'aller dans leur circonscription, de revenir, de repartir… c'est épouvantable ! Pourquoi font-ils tout ça ? Pour le plaisir d'avoir une voiture de fonction, un certain pouvoir et éventuellement qu'on leur ouvre les portes ?

La vérité est qu'ils ont moins de pouvoir que les électeurs qui votent pour eux, puisqu'ils peuvent être virés. Par contre ils ne peuvent pas virer les électeurs. La politique donne une apparence de pouvoir. Seuls les dictateurs forcenés le possèdent. Car le pouvoir est économique, puisque nous vivons dans l'univers de l'argent. Le monde est un gigantesque Monopoly. Certains passent leur temps à accumuler des fortunes, puis à faire des conneries qui les amènent directement au gnouf ! Tout cela est ridicule ! Et j'en rigole encore ! Toutefois, je vote. Parce que ça m'emmerderait beaucoup de ne pas avoir ce droit. Mais le pouvoir... J'ai une espèce d'allégorie à ce sujet. Imaginons le président des États-Unis sur le perron de la Maison-Blanche. Il voit l'herbe verte. Il s'écrit : « Pourquoi cette herbe est-elle verte ? Je la veux rouge ! » Discrètement les gens de son cabinet vont passer des coups de fil. Une ambulance arrivera peu après par une porte dérobée et on l'emmènera se reposer quelque temps.

De mon côté, j'arrive dans un champ. Je vois l'herbe verte. Je dis aussitôt : « Cette herbe verte ne me plaît pas. Je la veux rouge immédiatement ! » Sans perdre un instant quatre mecs s'amènent et commencent à peindre l'herbe en rouge. Où est le pouvoir ? Qui a le pouvoir ? Le pouvoir des hommes politiques est provisoire. Cela fait 45 ans que je fais des films. Que j'ai le pouvoir. Quel homme politique peut en dire autant ?

Si je tentais d'exprimer mon évolution en tant que cinéaste depuis *Le Beau Serge* jusqu'à *La*

*Demoiselle d'honneur*, je dirais que la grande trinité Murnau, Fritz Lang, Renoir, avec un doigt de Lubitsch et une sauce à la Hitchcock, m'a toujours fait rêver. Je n'ai jamais cherché quelles étaient leurs recettes. C'est sans intérêt. La leçon que j'ai pu tirer de leurs films, c'est d'être de plus en plus léger et de plus en plus riche en goût. J'essaie d'éviter le côté « m'as-tu-vu », donc d'être le moins exhibitionniste possible. Il est vrai qu'en même temps je reste très influencé par l'expressionnisme. Donc la plupart des plans de mes films cherchent à exprimer quelque chose.

Ces intentions ont toujours été les miennes. Mais au départ, dans *Le Beau Serge*, je les exprimais d'une manière un peu cavalière. J'avais d'autres chats à fouetter ! Il fallait que je me dépatouille de tout ce que j'ignorais. La technique principalement. À partir des *Cousins*, j'ai commencé à réfléchir à la question. D'abord éviter les pièges possibles. Puis tenter d'aller dans les différentes directions qui m'étaient proposées. Bien souvent, je me suis trouvé devant des murs absolus. J'essayais de les contourner. Ce qui peut expliquer certains très mauvais films que j'ai signés.

À partir des années 68-70, j'ai vraiment su ce que je voulais faire. Et puis, de temps en temps, une nouvelle idée germait en moi. Je cherchais et tentais de raconter mon histoire d'une nouvelle manière.

Soit ça fonctionnait, soit j'échouais. Dans ce cas, il me fallait trouver les raisons de l'échec. En général, on finit par comprendre. Si le public n'adhère pas, il est inutile de s'en prendre au hasard ou à la malchance. Certains problèmes m'ont toujours préoccupé. Le contrôle des trajets, par exemple. Les personnages d'un film ne sont pas immobiles. Contrôler leurs trajets consiste à faire en sorte que le spectateur ait le sens absolu de leurs mouvements, de leurs déplacements, même si ceux-ci sont très longs, interminables. Ce problème n'est pas simple à résoudre. Il faut utiliser quelques astuces dont j'ai maintenant l'entière maîtrise. Par rapport à ce que j'ai envie d'exprimer, je suis à peu près tranquille. Mes cinquante-deux films m'ont permis aujourd'hui de traduire mes sentiments sur l'écran. Si je sais comment faire, j'ignore par contre comment le spectateur reçoit mes intentions. Et je crains de ne jamais le savoir. Car le spectateur n'est pas un, mais une multitude. Chacun a sa propre sensibilité, ses propres préoccupations. Le moindre détail de sa vie peut influencer son jugement. De toutes manières, je reviens à ma phrase fétiche : si je peux expliquer ce que j'ai fait, on peut le comprendre.

Jusqu'à quand vais-je tourner ? Y a-t-il une date limite à partir de laquelle il vaut mieux rester sagement dans son fauteuil en bouquinant quelques œuvres essentielles qui font défaut à sa culture générale ? Cette question ne me tarabuste pas spécialement. J'observe cependant que John Huston a réalisé *Les Gens de Dublin*, l'un des ses meilleurs films, à 81 ans. Il était pourtant malade, avec des tuyaux partout. Ça ne l'a pas empêché de conclure un film-testament avec son talent habituel. Mon ami Éric Rohmer, qui vient de fêter ses 84 printemps, a non seulement bon pied bon œil, mais il se permet encore certaines innovations techniques qui prouvent une vitalité et une jeunesse confondantes. Et le plus étonnant de tous, Manoel de Oliveira ! À 96 ans, il réalise un film. Et cela chaque année. Sa première réalisation date de 1931. Le calcul est simple. Il est présent sur les écrans depuis 73 ans !

Prenant ces trois exemples de metteurs en scène exemplaires, ma conclusion est la suivante. Pouvoir travailler aussi longtemps que Manoel de Oliveira. Faire des plans aussi subtils que ceux réalisés par Éric Rohmer. Posséder autant de force créative que John Huston. Tout en conservant ma petite touche personnelle.

Je ne me suis jamais soucié de la mort. Jusqu'au moment où… J'étais en Autriche pour tourner *Fantômas*. Je n'aimais pas l'Autriche, et nous étions dans un cimetière. Pour la première fois de ma vie, je me suis dit : « Nom de Dieu ! Si je mourais là, maintenant, dans ce cimetière autrichien, en train de tourner une connerie, de quoi aurais-je l'air ? » J'ai songé à la mort, et j'ai pensé qu'il me fallait faire attention de ne pas être ridicule au moment de sauter le pas. Je ne suis pas obsédé par la mort. C'est une notion qui n'était pas sur mes tablettes. Bizarrement, depuis ce jour-là, j'ai pris conscience de l'existence de la mort.

J'ai eu la chance d'avoir mes parents longtemps. Ils sont morts tous deux très âgés. Tant que mon père et ma mère étaient vivants, la notion de la mort est restée relative. Lorsque je les ai perdus, cette idée est devenue plus présente. Un an avant sa mort, mon père me dit : « Je te préviens, si je sens que ça ne va pas, je me laisserai aller. » C'est ce qu'il a fait. À 93 ans, il n'a plus lutté.

Après sa mort, mon entourage s'est aperçu que je commençais à lui ressembler, à avoir ses manières, ses façons de parler, de se déplacer. Étrangement, ce phénomène tout à fait inconscient doit représenter comme une sorte de prolongation.

Georges Brassens parlait souvent de la mort en rigolant. Sans doute parce qu'il en avait peur. Moi, la mort ne me fait pas rire. Elle ne me fait pas pleurer non plus.

Je préfère la mort des autres à la mienne. Je corrige. Je préférerais mourir avant ma femme. Elle s'en tirerait certainement mieux que moi si elle restait la dernière.

# Filmographie
## Réalisation : longs métrages

| Date | Titre du film | Acteurs |
|---|---|---|
| 2004 | *La Demoiselle d'honneur* | Benoît Magimel<br>Laura Smet<br>Aurore Clément<br>Anna Mlhalcea |
| 2001 | *La Fleur du mal* | Nathalie Baye<br>Benoît Magimel<br>Suzanne Flon<br>Bernard Le Coq<br>Mélanie Doutey<br>Thomas Chabrol<br>Henri Attal<br>Kévin Ahyl<br>Jérôme Bertin<br>Françoise Bertin<br>Caroline Baehr<br>Didier Bénureau |

| Date | Titre du film | Acteurs |
|---|---|---|
| 2000 | *Merci pour le chocolat* | Isabelle Huppert<br>Jacques Dutronc<br>Anna Mouglalis<br>Rodolphe Pauly<br>Brigitte Catillon<br>Michel Robin<br>Mathieu Simonet |
| 1998 | *Au cœur du mensonge* | Sandrine Bonnaire<br>Jacques Gamblin<br>Valéria Bruni-Tedeschi<br>Antoine de Caunes<br>Bernard Verley<br>Bulle Ogier |
| 1997 | *Rien ne va plus* | Isabelle Huppert<br>Michel Serrault<br>François Cluzet<br>Jean-François Balmer<br>Jackie Berroyer<br>Jean Benguigui |
| 1995 | *La Cérémonie* | Sandrine Bonnaire<br>Isabelle Huppert<br>Jean-Pierre Cassel<br>Jacqueline Bisset<br>Virginie Ledoyen |
| 1993 | *L'Enfer* | Emmanuelle Béart<br>François Cluzet<br>Nathalie Cardone<br>André Wilms<br>Marc Lavoine<br>Christiane Minazzoli |

| Date | Titre du film | Acteurs |
|---|---|---|
| 1993 (*suite*) | *L'Enfer* | Dora Doll<br>Mario David |
| 1993 | *L'Œil de Vichy* | Documentaire |
| 1991 | *Betty* | Marie Trintignant<br>Stéphane Audran<br>Jean-François Garreaud<br>Yves Lambrecht<br>Christiane Minazzoli<br>Pierre Vernier<br>Thomas Chabrol |
| 1990 | *Madame Bovary* | Isabelle Huppert<br>Jean-François Balmer<br>Christophe Malavoy<br>Jean Yanne<br>Lucas Belvaux |
| 1989 | *Docteur M.* | Alan Bates<br>Jennifer Beals<br>Jan Niklas<br>Hans Zischler<br>Benoît Régent |
| 1989 | *Jours tranquilles à Clichy* | Andrew Mc Carthy<br>Nigel Havers<br>Stéphanie Cotta<br>Barbara de Rossi<br>Stéphane Audran<br>Eva Grimaldi |

| **Date** | **Titre du film** | **Acteurs** |
|---|---|---|
| 1988 | *Une affaire de femmes* | Isabelle Huppert<br>François Cluzet<br>Marie Trintignant<br>Nils Tavernier<br>Lolita Chammah<br>Valérie Leboutte |
| 1987 | *Le Cri du hibou* | Christophe Malavoy<br>Mathilda May<br>Jacques Penot |
| 1986 | *Masques* | Bernadette Lafont<br>Anne Brochet<br>Monique Chaumette<br>Philippe Noiret<br>Robin Renucci |
| 1985 | *Inspecteur Lavardin* | Jean-Claude Brialy<br>Bernadette Lafont<br>Jean-Luc Bideau<br>Jacques Dacqmine<br>Jean Poiret |
| 1984 | *Poulet au vinaigre* | Jean Poiret<br>Stéphane Audran<br>Michel Bouquet<br>Jean Topart<br>Lucas Belvaux<br>Pauline Lafont |
| 1983 | *Le Sang des autres* | Jodie Foster<br>Michael Ontkean<br>Stéphane Audran<br>Lambert Wilson |

| **Date** | **Titre du film** | **Acteurs** |
|---|---|---|
| 1983 *(suite)* | *Le Sang des autres* | Catherine Lachens |
| 1982 | *Les Fantômes du chapelier* | Michel Serrault<br>Charles Aznavour<br>Monique Chaumette<br>François Cluzet |
| 1980 | *Le Cheval d'orgueil* | Jacques Dufilho<br>Bernadette Lesache<br>François Cluzet<br>Dominique Lavanant |
| 1977 | *Violette Nozière* | Stéphane Audran<br>Jean Carmet<br>Isabelle Huppert |
| 1977 | *Les Liens de sang* | Lise Langlois<br>Donald Sutherland<br>Laurent Malet<br>David Hemmings<br>Donald Pleasence<br>Aude Landry<br>Stéphane Audran |
| 1976 | *Alice ou la dernière fugue* | Charles Vanel<br>André Dussollier<br>Fernand Ledoux<br>Jean Carmet<br>Thomas Chabrol<br>Sylvia Kristel |
| 1975 | *Folies bourgeoises* | Stéphane Audran<br>Jean-Pierre Cassel |

| Date | Titre du film | Acteurs |
|---|---|---|
| 1975 *(suite)* | *Folies bourgeoises* | Sydney Rome<br>Maria Schell<br>Charles Aznavour<br>Francis Perrin<br>Curd Jürgens |
| 1975 | *Les Magiciens* | Jean Rochefort<br>Gert Froebe |
| 1974 | *Les Innocents aux mains sales* | Romy Schneider<br>Rod Steiger |
| 1974 | *Une partie de plaisir* | Paul Gégauff<br>Pierre Santini |
| 1973 | *Nada* | Fabio Testi<br>Maurice Garrel<br>Michel Duchaussoy |
| 1972 | *Les Noces rouges* | Michel Piccoli<br>Stéphane Audran |
| 1972 | *Docteur Popaul* | Jean-Paul Belmondo<br>Mia Farrow<br>Laura Antonelli |
| 1971 | *La Décade prodigieuse* | Anthony Perkins<br>Marlène Jobert<br>Michel Piccoli<br>Orson Welles<br>Guido Alberti<br>Tsilla Chelton |

| Date | Titre du film | Acteurs |
|---|---|---|
| 1970 | *Juste avant la nuit* | Michel Bouquet<br>Stéphane Audran<br>François Périer<br>Jean Carmet |
| 1970 | *La Rupture* | Stéphane Audran<br>Jean-Pierre Cassel<br>Michel Bouquet<br>Jean-Claude Drouot<br>Jean Carmet<br>Michel Duchaussoy<br>Annie Cordy |
| 1969 | *Le Boucher* | Jean Yanne<br>Stéphane Audran<br>Roger Rudel |
| 1969 | *Que la bête meure* | Jean Yanne<br>Michel Duchaussoy<br>Caroline Cellier |
| 1968 | *La Femme infidèle* | Stéphane Audran<br>Michel Bouquet<br>Maurice Ronet<br>Michel Duchaussoy |
| 1967 | *Les Biches* | Jean-Louis Trintignant<br>Stéphane Audran<br>Jacqueline Sassard |
| 1967 | *La Route de Corinthe* | Jean Seberg<br>Maurice Ronet<br>Michel Bouquet |

| Date | Titre du film | Acteurs |
|---|---|---|
| 1966 | *Le Scandale* | Anthony Perkins<br>Stéphane Audran |
| 1966 | *La Ligne de démarcation* | Maurice Ronet<br>Jean Seberg<br>Daniel Gélin<br>Stéphane Audran |
| 1965 | *Marie-Chantal contre docteur Kha* | Francisco Rabal<br>Marie Laforêt<br>Serge Reggiani<br>Stéphane Audran |
| 1965 | *Le Tigre se parfume à la dynamite* | Roger Hanin |
| 1964 | *Le Tigre aime la chair fraîche* | Roger Hanin<br>Maria Mauban<br>Roger Dumas |
| 1962 | *Landru* | Charles Denner<br>Michèle Morgan<br>Danielle Darrieux<br>Juliette Mayniel<br>Catherine Rouvel<br>Mary Marquet<br>Hildegarde Neff<br>Stéphane Audran<br>Françoise Lugagne<br>Raymond Queneau |
| 1961 | *Ophélia* | Juliette Mayniel<br>Alida Valli |

| Date | Titre du film | Acteurs |
|---|---|---|
| 1961 | *L'Œil du Malin* | Jacques Charrier<br>Stéphane Audran<br>Walter Reyer |
| 1961 | *Les Sept Péchés capitaux* | Jean-Louis Trintignant<br>Claude Brasseur |
| 1960 | *Les Godelureaux* | Jean-Claude Brialy<br>Charles Belmont<br>Jean-Paul Belmondo<br>Antonella Lualdi |
| 1959 | *Les Bonnes Femmes* | Bernadette Lafont<br>Stéphane Audran<br>Clotilde Joano<br>Claude Berri |
| 1959 | *À double tour* | Antonella Lualdi<br>Madeleine Robinson<br>Bernadette Lafont |
| 1959 | *Les Cousins* | Gérard Blais<br>Jean-Claude Brialy<br>Bernadette Lafont<br>Michèle Meritz |
| 1958 | *Le Beau Serge* | Gérard Blain<br>Jean-Claude Brialy<br>Juliette Mayniel<br>Claude Cerval |

*Cet ouvrage a été imprimé par la*
*SOCIÉTÉ NOUVELLE FIRMIN-DIDOT*
*Mesnil-sur-l'Estrée*
*pour le compte des Éditions du Rocher*
*en octobre 2004*

Éditions du Rocher
28, rue Comte-Félix-Gastaldi
Monaco

*Imprimé en France*
Dépôt légal : octobre 2004
CNE section commerce et industrie Monaco : 19023
N° d'impression : 70498